俄罗斯
黑龙江省
Hēilóngjiāng Shěng
哈尔滨
Hā'ěrbīn
内蒙古自治区
Nèiměnggǔ Zìzhìqū
长春
Chángchūn
吉林省
Jílín Shěng
北京市
Běijīng Shì
辽宁省
Liáoníng Shěng
集安
Jí'ān
沈阳
Shěnyáng
呼和浩特
Hūhéhàotè
大同
Dàtóng
大连
Dàlián
朝鲜
东京
天津市
Tiānjīn Shì
石家庄
Shíjiāzhuāng
渤海
太原
Tàiyuán
河北省
Héběi Shěng
济南
Jǐnán
山东省
Shāndōng Shěng
韩国
山西省
Shānxī Shěng
青岛
Qīngdǎo
泰山
Tàishān
运城
Yùnchéng
曲阜
Qǔfù
洛阳
Luòyáng
郑州
Zhèngzhōu
江苏省
Jiāngsū Shěng
黄海
合肥
Héféi
河南省
Hénán Shěng
扬州
Yángzhōu
苏州
Sūzhōu
南京
Nánjīng
上海市
Shànghǎi Shì
湖北省
Húběi Shěng
安徽省
Ānhuī Shěng
武汉
Wǔhàn
杭州
Hángzhōu
绍兴
Shàoxīng
东海
长沙
Chángshā
南昌
Nánchāng
浙江省
Zhèjiāng Shěng
湖南省
Húnán Shěng
江西省
Jiāngxī Shěng
福州
Fúzhōu
福建省
Fújiàn Shěng
台北
Táiběi
广东省
Guǎngdōng Shěng
厦门
Xiàmén
台湾
Táiwān
广州
Guǎngzhōu
深圳
Shēnzhèn
澳门
Àomén
香港
Xiānggǎng
海口
Hǎikǒu
南海
首都
省都
有名都市
万里の長城

中国語2 | 中国語B

立教大学中国語教育研究室 編

音声について

本書の音声は、下記サイトより無料でダウンロード、
およびストリーミングでお聴きいただけます。

https://stream.e-surugadai.com/books/isbn978-4-411-03168-6/

＊ご注意
- PC からでも、iPhone や Android のスマートフォンからでも音声を再生いただけます。
- 音声は何度でもダウンロード・再生いただくことができます。
- 当音声ファイルのデータにかかる著作権・その他の権利は駿河台出版社に帰属します。無断での複製・公衆送信・転載は禁止されています。

装丁・本文デザイン：小熊　未央
表紙題字：加固　明子
表紙イラスト：がりぽん（ひろガリ工房）

はじめに

このテキストは中国語を１学期間学んだ方を対象としています。
このテキストの特徴は以下の通りです。

A　表現編と基礎編を週一コマずつ14週学ぶことを通じ、中国語の基礎力を習得します。

B　表現編は１クラス20人の設定で、会話や作文などアウトプットを中心にトレーニングします。

C　基礎編は１クラス40人の設定で、読解や聴解などインプットを中心にトレーニングします。

D　表現編と基礎編に共通する表現を「重要表現」で一覧にし、それぞれの授業で活用します。

このテキストは以下のように構成されています。

《表現編》

★大家一起念（みんなで音読しよう）	大きな声で復誦することを通じ、中国語のリズムを感じ取り、授業のウォーミングアップとしましょう。
★新表达用用看（新しい表現を使ってみよう）	中国語の基本的なフレーズをトレーニングします。
★学会话	中国語の基本的な会話を学びます。
★说说看（話してみよう）	中国語の基本的な質疑応答表現をマスターします。
★学短文	中国語の基本的な文章を学びます。
★写作与发展（作文＋α）	それぞれのテーマに関する短文を中国語で表現します。

《基礎編》

★会話	中国語の基本的な会話を学びます。
★短文	中国語による基本的な文章を学びます。
★文法ポイント	課ごとに新しい文法事項を学びます。
★中国を調べよう	中国に関する様々なトピックを時にペアワークやグループワークで調べます。
★中文好有趣（中国語って面白い）	面白い表現や新語、流行語、日本語との違いなどをテーマに、時にペアワークやグループワークを通じて中国語に対し理解を深めます。

なお本テキストの音声はストリーミング、ダウンロードできます。単語帳はデータにて共有します。

2024年7月

立教大学中国語教育研究室

基礎編

人称代詞

	一人称	二人称	三人称
単数	wǒ 我	nǐ 你	tā　tā　tā 她 / 他 / 它
複数	wǒmen　zánmen 我们　咱们	nǐmen 你们	tāmen　tāmen　tāmen 她们 / 他们 / 它们

指示代詞

		これ、それ	それ、あれ			ここ、そこ、あそこ
単数	zhè nà 这 那	zhèige 这个	nèige 那个	zhèi běn shū 这本书	nèige rén 那个人	zhèr　zhèli　nàr　nàli 这儿 这里 那儿 那里
複数		zhèixiē 这些	nèixiē 那些	zhèixiē shū 这些书	nèixiē rén 那些人	

疑問詞

	谁	什么	哪	几	多少	怎么
人間	shéi 谁	shénme rén 什么人	něige rén 哪个人			
時間		shénme shíhou 什么时候		jǐ diǎn 几点	duōshao shíjiān 多少时间	
場所		shénme dìfang 什么地方	nǎli 哪里 nǎr 哪儿			
値段				jǐ kuài qián 几块钱	duōshao qián 多少钱	
評価						zěnmeyàng 怎么样 zěnme le 怎么了
理由		wèi shénme 为什么				zěnme 怎么
[illegible]						zěnme 怎么

挨拶語・授業用語

您好！	Nín hǎo!	こんにちは。（丁寧）
早上好！	Zǎoshang hǎo!	おはようございます。
再见。	Zàijiàn.	さようなら。
谢谢！	Xièxie!	ありがとうございます。
不客气。	Bú kèqi.	どういたしまして。
不用谢。	Bú yòng xiè.	どういたしまして。
对不起。	Duìbuqǐ.	すみません。
没关系。	Méi guānxi.	大丈夫です。
很高兴见到你。	Hěn gāoxìng jiàndào nǐ.	お会いできてうれしいです。
请多（多）指教。	Qǐng duō (duō) zhǐjiào.	よろしくお願い致します。
好久不见！	Hǎojiǔ bújiàn!	お久しぶりです。
晚安！	Wǎn'ān!	おやすみなさい。
回头见！	Huítóu jiàn!	またあとで。
打扰您了。	Dǎrǎo nín le.	お邪魔します（した）。
不好意思。	Bù hǎoyìsi.	申し訳ありません。

大家好！	Dàjiā hǎo!	皆さん、こんにちは。
老师好！	Lǎoshī hǎo!	先生、こんにちは。
开始上课！	Kāishǐ shàngkè!	授業を始めます。
现在点名。	Xiànzài diǎnmíng.	今から出席を取ります。
到。	Dào.	はい（出欠の返事）。
请打开书。	Qǐng dǎkāi shū.	教科書を開いてください。
翻到第 15 页。	Fāndào dì shíwǔ yè.	15 ページを開いてください。
我说，你们听。	Wǒ shuō, nǐmen tīng.	私が話すので聞いてください。
请回答。	Qǐng huídá.	答えてください。
请再说一遍。	Qǐng zài shuō yí biàn.	もう一度言ってください。
跟老师念。	Gēn lǎoshī niàn.	先生につづいて発音してください。
请再念一遍。	Qǐng zài niàn yí biàn.	もう一度発音してください。
很好！	Hěn hǎo!	すばらしい。
懂了吗？	Dǒng le ma?	分かりましたか？
懂了。	Dǒng le.	分かりました。
有没有问题？	Yǒu méiyǒu wèntí?	質問はありますか？
没有。	Méiyǒu.	ありません。
下课。	Xiàkè.	授業を終えます。
同学们，再见！	Tóngxuémen,zàijiàn!	みなさん、さようなら。
下次见！	Xiàcì jiàn!	次回お目にかかりましょう。
老师再见！	Lǎoshī zàijiàn!	先生、さようなら。

数 字

1 ~ 10	líng 0	yī 1	èr 2	sān 3	sì 4	wǔ 5	liù 6	qī 7	bā 8	jiǔ 9	shí 10

11 ~ 99	shíyī 11	shí'èr 12	èrshí 20	èrshiwǔ 25	jiǔshijiǔ 99

100 ~	yì bǎi 100	yì qiān 1000	yí wàn 10000	yí yì 1 亿
	yìbǎilíngyī 101	yìbǎiyīshí 110	yìqiānlíngyī 1001	yìqiānlíngyīshí 1010

日付・曜日・時間・値段

Jīntiān jǐ yuè jǐ hào ? 今天几月几号？	èryuè 二月	shíyīyuè 十一月	yī rì (hào) 一日（号）			
Jīntiān xīngqī jǐ ? 今天星期几？	xīngqīyī 星期一	xīngqī'èr 星期二	xīngqīliù 星期六	xīngqītiān (rì) 星期天（日）	lǐbàiyī 礼拜一	
Xiànzài jǐ diǎn ? 现在几点？	yì diǎn 一点	liǎng diǎn 两点	bàn 半	yí kè 一刻	sān kè 三刻	wǔ fēn 五分
Duōshao qián ? 多少钱？	wǔ fēn 五分	wǔ jiǎo (máo) 五角（毛）	yì yuán (kuài) 一元（块）	wǔshí yuán 五十元	yì bǎi yuán 一百元	

親族の呼び名

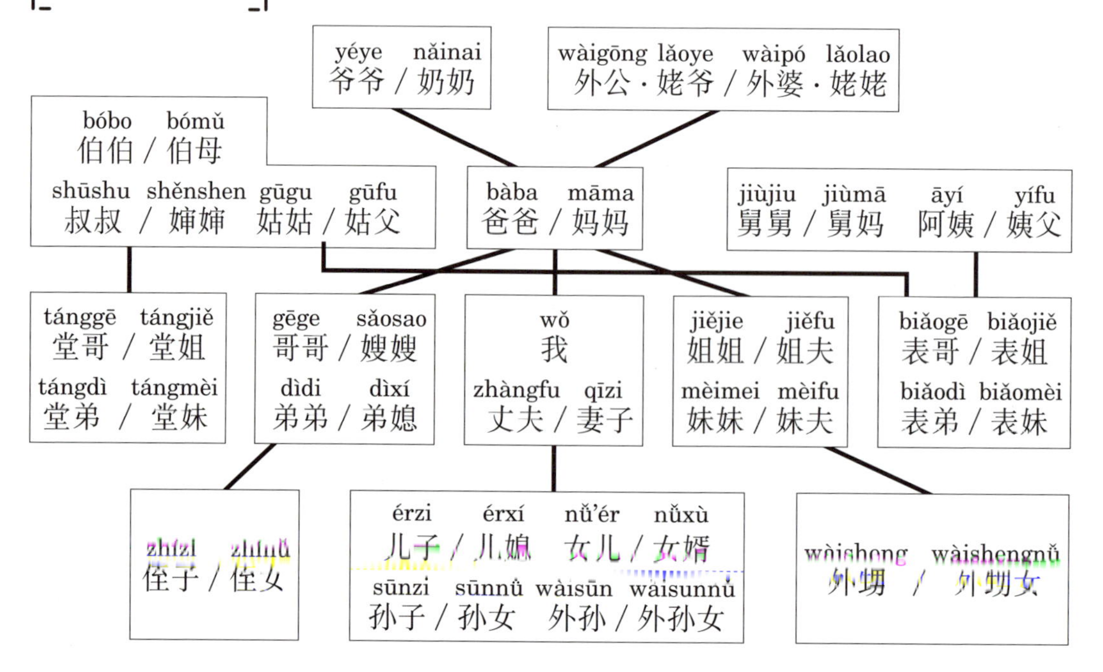

国名と言語

国名	Zhōngguó 中国　Rìběn 日本　Hánguó 韩国　Měiguó 美国　Yīngguó 英国　Déguó 德国　Fǎguó 法国 Yìdàlì 意大利　Éluósī 俄罗斯　Xībānyá 西班牙
言語	Hànyǔ 汉语　Rìyǔ 日语　Hán (guó) yǔ 韩（国）语　Yīngyǔ 英语　Déyǔ 德语　Fǎyǔ 法语　Yìdàlìyǔ 意大利语 Éyǔ 俄语　Xībānyáyǔ 西班牙语

地名（主要都市・都道府県）

中国語圏	Běijīng 北京　Tiānjīn 天津　Shànghǎi 上海　Chóngqìng 重庆　Xī'ān 西安　Nánjīng 南京 Shēnzhèn 深圳　Guǎngzhōu 广州　Táiběi 台北　Xiānggǎng 香港　Àomén 澳门　Xīnjiāpō 新加坡 Xīzàng 西藏　Nèiměnggǔ 内蒙古　Xīnjiāng 新疆
日本	Dōngjīng 东京　Qíyù 埼玉　Qiānyè 千叶　Shénnàichuān 神奈川　Běihǎidào 北海道　Jīngdū 京都　Dàbǎn 大阪 Chōngshéng 冲绳　Chídài 池袋　Xīnzuò 新座　Xīnsù 新宿　Sègǔ 涩谷　Héngbīn 横滨 Mínggǔwū 名古屋　Shénhù 神户　Fúgāng 福冈

立教の学部学科

	Lìjiào Dàxué	立教大学
Chídài 池袋 xiàoqū 校区	Wén xuéyuàn	文学院
	Fǎ xuéyuàn	法学院
	Jīngjì xuéyuàn	经济学院
	Shèhuì xuéyuàn	社会学院
	Jīngyíng xuéyuàn	经营学院
	Lǐ xuéyuàn	理学院
	Yìwénhuà jiāoliú xuéyuàn	异文化交流学院
Xīnzuò 新座 xiàoqū 校区	Guānguāng xuéyuàn	观光学院
	Shèqū fúzhǐ xuéyuàn	社区福祉学院
	Xiàndài xīnlǐ xuéyuàn	现代心理学院
	Tǐyù yǔ jiànkāng xuéyuàn	体育与健康学院

方向・方位の言い方

dōng 东	xī 西	nán 南	běi 北								biān 边	biānr 边儿	miàn 面	miànr 面儿
shàng 上	xià 下	qián 前	hòu 后	zuǒ 左	yòu 右	lǐ 里	wài 外	zhōng 中	nèi 内	páng 旁				

前置詞

zài 在	cóng 从	dào 到	lí 离	gěi 给	gēn 跟	duì 对	wǎng 往
(どこ)で (どこ)に	から	まで へ	から まで	(だれ)に	と	に(対して)	(どこ)に へ

量　詞

ge 个	běn 本	zhāng 张	jiàn 件	tiáo 条	zhī 只	tái 台	bǎ 把
人、物 個体	書籍	紙、机など 平らな物	服、 事柄	魚、ひもなど 細長いもの	一部小動物 船	機械、 機器	柄のついたもの、 束になっているもの

基本的な語順

だれが 私が	いつ 毎日	副詞 みな	どのように 友人と一緒に	どこで 食堂で	する 食べる		なにを ご飯
我	每天	都	跟朋友一起	在食堂	吃		饭。
主体	時点	副詞	方式・手段	場所	動作	補語	対象

補語		例
時間量	どのぐらい	看了一个小时书
回数	何回	看过一次电影
様態・程度	どのように	看得很快
方向	どこへ	看过来
結果	どうなった	看见
可能	できるかどうか	看得见 看不见
前置詞フレーズ	だれに	送给他

表現編

第 1 课　大学生活（上）

大家一起念 / 新学期　A-01

暑假怎么样？	Shǔjià zěnmeyàng?	夏休みどうだった？
开心不开心？	Kāixīn bu kāixīn?	楽しかった？
隔了两个月，	Géle liǎng ge yuè,	2か月ぶりで
好想见到你。	hǎo xiǎng jiàndào nǐ.	とても会いたかった。

新表达用用看 1　A-02

1 疑問詞 …… 吗？

A 你来这里有什么事儿吗？　Nǐ lái zhèli yǒu shénme shìr ma?

B 没什么事儿，我想跟你聊聊天。　Méi shénme shìr, wǒ xiǎng gēn nǐ liáoliaotiān.

2 一般（普通は～）　相关表达 常常（いつも）、有时（ときどき）

A 你一般几点来大学？　Nǐ yìbān jǐ diǎn lái dàxué?

B 我一般九点来大学，有时九点半来。　Wǒ yìbān jiǔ diǎn lái dàxué, yǒushí jiǔ diǎn bàn lái.

3 不一定（必ずしも～ない）　相关表达 一定（かならず、きっと、ぜひ）

A 你每天都在家吃饭吗？　Nǐ měitiān dōu zài jiā chīfàn ma?

B 不一定，有时在外面吃。　Bù yídìng, yǒushí zài wàimiàn chī.

4 还是①（それとも）、还是②（やはり）

A 我们去图书馆看书，还是去运动？　Wǒmen qù túshūguǎn kànshū, háishi qù yùndòng?

B 我看还是去便利店吧。　Wǒ kàn háishi qù biànlìdiàn ba.

学会话 A-03

A 中国　大学生 的 生活 和 日本 有 什么 不 一样 吗？
Zhōngguó dàxuéshēng de shēnghuó hé Rìběn yǒu shénme bù yíyàng ma?

B 有 的。比如 说，我们 一般 都 住在 宿舍 里。
Yǒu de. Bǐrú shuō, wǒmen yìbān dōu zhùzài sùshè li.

A 那 你们 每天 都 在 食堂 吃饭 吗？
Nà nǐmen měitiān dōu zài shítáng chīfàn ma?

B 不 一定。因为 学校 附近 还 有 很 多 餐厅。
Bù yídìng. Yīnwèi xuéxiào fùjìn hái yǒu hěn duō cāntīng.

A 那 你 常 在 学校 吃，还是 常 在 外面 吃？
Nà nǐ cháng zài xuéxiào chī, háishi cháng zài wàimiàn chī?

B 还是 在 学校 吃饭 比较 多 吧。
Háishi zài xuéxiào chīfàn bǐjiào duō ba.

ヒント
1. どこに住んでいますか。
2. 普段はどこで食事していますか。
3. 今日は学校の食堂で何を食べますか。
4. 日本の大学生はみんな弁当を持っていますか。

词汇 A-04

- □ 跟：～と
- □ 聊天：おしゃべりをする
- □ 一般：普通
- □ 常常：いつも
- □ 有时：ときどき
- □ 不一定：かならずしも～ない
- □ 一定：かならず、きっと、ぜひ
- □ 运动：運動する
- □ 不一样：違い
- □ 宿舍：寮
- □ 食堂：（大学、会社の）食堂
- □ 附近：近く
- □ 餐厅：レストラン
- □ 还是：やはり
- □ 比较：わりに

第 2 课　大学生活（下）

大家一起念 / 复习　A-05

Shǔjià zěnmeyàng?	夏休みどうだった？
Kāixīn bu kāixīn?	楽しかった？
Géle liǎng ge yuè,	2か月ぶりで
hǎo xiǎng jiàndào nǐ.	とても会いたかった。

新表达用用看 2　A-06

1 对……感兴趣（～に興味がある）　相关表达 对……有兴趣（～に興味がある）

A　你最近对什么感兴趣？　Nǐ zuìjìn duì shénme gǎn xìngqu?

B　我对中国的电视剧很感兴趣。　Wǒ duì Zhōngguó de diànshìjù hěn gǎn xìngqu.

2 至少（少なくとも）　相关表达 最多（多くても）

A　这篇作文要写多少字？
Zhèi piān zuòwén yào xiě duōshao zì?

B　至少要写 300 字，最多可以写 500 字。
Zhìshǎo yào xiě sān bǎi zì, zuìduō kěyǐ xiě wǔ bǎi zì.

3 不都（「すべて」ではない）　相关表达 都不（すべて～ない）

A　日本的大学生都打工吗？　Rìběn de dàxuéshēng dōu dǎgōng ma?

B　日本的大学生不都打工。　Rìběn de dàxuéshēng bù dōu dǎgōng.

学短文　A-07

我 来 说说 我 的 大学 生活。我 在 经营 学院 学习，每周
Wǒ lái shuōshuo wǒ de dàxué shēnghuó. Wǒ zài jīngyíng xuéyuàn xuéxí, měizhōu

有 10 节 课。因为 我 对 茶道 很 感 兴趣，所以 加入了 茶道
yǒu shí jié kè. Yīnwèi wǒ duì chádào hěn gǎn xìngqu, suǒyǐ jiārùle chádào

社团。我们 社团 每周 至少 有 一 次 活动。不过，日本 的
shètuán. Wǒmen shètuán měizhōu zhìshǎo yǒu yí cì huódòng. Búguò, Rìběn de

大学生 并 不 都 参加 社团 活动。
dàxuéshēng bìng bù dōu cānjiā shètuán huódòng.

写作与发表

自分の大学生活について 20－50 字以内で文章を作成し、発表してみましょう。

词汇　A-08

- □ 最近：最近
- □ 感兴趣：興味を持つ
- □ 电视剧：テレビドラマ
- □ 至少：少なくとも
- □ 最多：多くても
- □ 篇：本（文章などを数える）
- □ 写：書く
- □ 字：文字
- □ 茶道：茶道
- □ 加入：加入する
- □ 社团：サークル
- □ 活动：活動
- □ 不过：でも
- □ 并：決して～、別に

第3课 美味佳肴（上）

大家一起念　ご馳走様　A-09

今天我请客，　Jīntiān wǒ qǐngkè,　今日は私がおごります、
你想吃什么？　nǐ xiǎng chī shénme?　何が食べたい？
除了香菜外，　Chúle xiāngcài wài,　パクチー以外なら、
什么都可以。　shénme dōu kěyǐ.　何でも大丈夫。

新表达用用看 1　A-10

1 動詞＋疑問詞……動詞＋疑問詞……

A 今天我们去哪儿吃饭？　Jīntiān wǒmen qù nǎr chīfàn?
B 你想去哪儿，我们就去哪儿。　Nǐ xiǎng qù nǎr, wǒmen jiù qù nǎr.

2 要不要＋動詞句（～する？）　相关表达 不用＋動詞（～しなくていい）

A 要不要休息一下？　Yào bu yào xiūxi yíxià?
B 我现在还不累，不用休息。　Wǒ xiànzài hái bú lèi, bú yòng xiūxi.

3 已经……了（もう～）　相关表达 还（まだ）

A 饭已经做好了吗？　Fàn yǐjīng zuòhǎo le ma?
B 还没做好呢。你再等一会儿。　Hái méi zuòhǎo ne. Nǐ zài děng yíhuìr.

学会话　A-11

A　这 是 菜单，你 看看 有 没有 想 吃 的 菜？
Zhè shì càidān, nǐ kànkan yǒu méiyǒu xiǎng chī de cài?

B　中国 菜 我 都 喜欢 吃。你 点 什么，我 吃 什么。
Zhōngguó cài wǒ dōu xǐhuan chī. Nǐ diǎn shénme, wǒ chī shénme.

A　这个 鱼香肉丝 挺 不错 的，来 一 个 怎么样？
Zhèige yúxiāng ròusī tǐng búcuò de, lái yí ge zěnmeyàng?

B　好 啊。就 点 这个 吧。
Hǎo a. Jiù diǎn zhèige ba.

……

A　要 不 要 再 来 一点儿 别 的？
Yào bu yào zài lái yìdiǎnr bié de?

B　不用 了，已经 吃饱 了。
Bú yòng le, yǐjīng chībǎo le.

说说看

ヒント
1. よく食事に行くお店はどこですか。
2. お店でよく注文する料理は何ですか。
3. 食べたい中華料理は何ですか。
4. 火鍋を食べたことがありますか。どんな具材が好きですか。
5. コーヒーを飲むとき、砂糖を入れますか。

词汇　A-12

- □ 休息：休憩する
- □ 累：疲れている
- □ 不用：～する必要がない
- □ 已经……了：もう、すでに
- □ 做好了：出来上がった
- □ 还：まだ
- □ 等：待つ
- □ 一会儿：しばらくの間
- □ 菜单：メニュー
- □ 点：注文する
- □ 鱼香肉丝：（料理名）魚香肉絲
- □ 挺：そこそこ
- □ 不错：良い
- □ 饱：お腹がいっぱいである

第4课 美味佳肴（下）

大家一起念 复习 A-13

Jīntiān wǒ qǐngkè, 今日は私がおごります、
nǐ xiǎng chī shénme? 何が食べたい？
Chúle xiāngcài wài, パクチー以外なら、
shénme dōu kěyǐ. 何でも大丈夫。

新表达用用看 2 A-14

1 来……（〜が〜する）

A 今天吃饭谁付钱？ Jīntiān chīfàn shéi fù qián?
B 我来付。 Wǒ lái fù.

2 对……来说，……（〜にとって）

A 这个蛋糕好吃吗？ Zhèige dàngāo hǎochī ma?
B 对我来说，太甜了。 Duì wǒ lái shuō, tài tián le.

3 算（〜と見なす、一応〜だ） 相关表达 不算（〜とは言えない）

A 这个菜算是一道四川菜吧？ 真辣啊！
Zhèige cài suànshì yí dào Sìchuān cài ba? Zhēn là a!

B 不是吧，我觉得不算太辣呀。
Bú shì ba, wǒ juéde bú suàn tài là ya.

学短文 A-15

今天 我 来 聊聊 日本人 的 饮食 习惯。比如 说，日本人 喜欢
Jīntiān wǒ lái liáoliao Rìběnrén de yǐnshí xíguàn. Bǐrú shuō, Rìběnrén xǐhuan

吃 米饭，吃 饺子 时 也 要 和 米饭 一起 吃，对 日本人 来 说，
chī mǐfàn, chī jiǎozi shí yě yào hé mǐfàn yìqǐ chī, duì Rìběnrén lái shuō,

饺子 算是 一 种 菜。还 有，吃 寿司 时 不 一定 要 用 筷子。寿司
jiǎozi suànshì yì zhǒng cài. Hái yǒu, chī shòusī shí bù yídìng yào yòng kuàizi. Shòusī

本来 是 用 手 拿起来 吃 的。
běnlái shì yòng shǒu náqǐlai chī de.

写作与发表

日本の飲食文化について、20－50字以内で文章を作成し、発表してみましょう。

词汇 A-16

- □ 付钱：支払う
- □ 蛋糕：ケーキ
- □ 甜：あまい
- □ 道：料理を数える量詞
- □ 聊：おしゃべりする
- □ 饮食：飲食
- □ 习惯：習慣
- □ 比如：たとえば
- □ 米饭：ご飯
- □ 还有：それに
- □ 寿司：寿司
- □ 筷子：お箸
- □ 本来：本来、もともと
- □ 拿起来：手に取る

第5课 观光旅游（上）

大家一起念 自由人 A-17

你从哪里来，	Nǐ cóng nǎli lái,	あなたはどこから来て、
想到哪里去？	xiǎng dào nǎli qù?	どこへ行くの？
跟着感觉走，	Gēnzhe gǎnjué zǒu,	気の向くままなので、
不用想太多。	bú yòng xiǎng tài duō.	余り考えない。

新表达用用看 1 A-18

1 你说……好呢？（～した方がいい？）

A 你说我怎么去好呢？ Nǐ shuō wǒ zěnme qù hǎo ne?

B 我觉得你坐飞机去比较好。 Wǒ juéde nǐ zuò fēijī qù bǐjiào hǎo.

2 要是……的话，就……（もし～ならば～）

相关表达 **如果……，就……、……的话，……**

要是你没有时间，就算了吧！
Yàoshi nǐ méiyǒu shíjiān, jiù suàn le ba!

我的话，就买这个包。
Wǒ de huà, jiù mǎi zhèige bāo.

3 除了……还……（～のほかに～も～）

相关表达 **除了……，都……**（～のほかに～みな～）

除了看漫画，我还喜欢打游戏。 Chúle kàn mànhuà, wǒ hái xǐhuan dǎ yóuxì.

除了星期四，我都有时间。 Chúle xīngqīsì, wǒ dōu yǒu shíjiān.

学会话　A-19

A　我 暑假 想 去 中国 旅行，你 说 去 哪儿 好 呢？
　　Wǒ shǔjià xiǎng qù Zhōngguó lǚxíng, nǐ shuō qù nǎr hǎo ne?

B　你 要是 喜欢 历史 的 话，就 去 西安、北京 吧。
　　Nǐ yàoshi xǐhuan lìshǐ de huà, jiù qù Xī'ān、Běijīng ba.

A　我 都 去过 了，这次 想 看 大熊猫。
　　Wǒ dōu qùguo le, zhè cì xiǎng kàn dàxióngmāo.

B　那 我 推荐 成都，那里 有 熊猫 基地，
　　Nà wǒ tuījiàn Chéngdū, nàli yǒu xióngmāo jīdì,

　　在 那儿 还 能 抱 熊猫 呢。
　　zài nàr hái néng bào xióngmāo ne.

A　有 意思。除了 看 熊猫，那里 还 有 什么 好玩儿 的？
　　Yǒu yìsi. Chúle kàn xióngmāo, nàli hái yǒu shénme hǎowánr de?

B　你 要是 喜欢《三国 演义》，也 可以 去 武侯祠 看看。
　　Nǐ yàoshi xǐhuan《Sānguó yǎnyì》, yě kěyǐ qù Wǔhóucí kànkan.

说说看

ヒント
1. 週末や冬休みにどこかへ旅行に行きますか。
2. どこに旅行に行くのですか。なぜそこを選んだのですか。
3. 好きな観光地・都市はどこですか。そこには何がありますか。

词汇　A-20

- □ 觉得：～と思う
- □ 坐飞机：飛行機に乗る
- □ 要是：もし
- □ 除了：～を除いて
- □ 还：その上
- □ 暑假：夏休み
- □ 旅行：旅行する
- □ 历史：歴史
- □ 西安：西安（地名）
- □ 推荐：勧める
- □ 熊猫基地：パンダ繁殖研究基地の略称
- □ 抱：抱く
- □ 好玩儿：面白い
- □ 三国演义：『三国志演義』
- □ 武侯祠：（諸葛孔明を祀る）武侯祠

表現編

第6课 观光旅游（下）

复习 A-21

Nǐ cóng nǎli lái,	あなたはどこから来て、
xiǎng dào nǎli qù?	どこへ行くの？
Gēnzhe gǎnjué zǒu,	気の向くままなので、
bú yòng xiǎng tài duō.	余り考えない。

新表达用用看 2 A-22

1 （先）……再……（～してから～する）

相关表达 **先……，后……**（まず～して、それから～する）

A 你每天早上先刷牙，还是先吃早饭？
Nǐ měitiān zǎoshang xiān shuāyá, háishi xiān chī zǎofàn?

B 我先吃早饭，再刷牙。
Wǒ xiān chī zǎofàn, zài shuāyá.

2 听说（～そうだ）

相关表达 **好像**（～のようだ、らしい）

A 从东京去北海道要多长时间？ Cóng Dōngjīng qù Běihǎidào yào duōcháng shíjiān?

B 听说坐飞机要两个小时。 Tīngshuō zuò fēijī yào liǎng ge xiǎoshí.

3 越来越（ますます）

相关表达 **越……越……**（であればあるほど、すればするほど～）

A 我现在越来越喜欢熬夜了。 Wǒ xiànzài yuèláiyuè xǐhuan áoyè le.

B 我也是越晚越精神。 Wǒ yě shì yuè wǎn yuè jīngshen.

学短文

A-23

今年 夏天，我 跟 家人 去 神户 旅游 了。我们 从 东京 坐
Jīnnián xiàtiān, wǒ gēn jiārén qù Shénhù lǚyóu le. Wǒmen cóng Dōngjīng zuò

飞机 出发，到了 机场，再 租 车 自由 行。我们 吃了 神户 牛肉，
fēijī chūfā, dàole jīchǎng, zài zū chē zìyóu xíng. Wǒmen chīle Shénhù niúròu,

还 去了 唐人 街。那之后，我 就 对 唐人 街 越来越 感 兴趣 了。
hái qùle tángrén jiē. Nàzhīhòu wǒ jiù duì tángrén jiē yuèláiyuè gǎn xìngqu le.

听说 池袋 也 越来越 像 唐人 街 了。我 想 有 空 去 看看。
Tīngshuō Chídài yě yuèláiyuè xiàng tángrén jiē le. Wǒ xiǎng yǒu kòng qù kànkan.

写作与发表

旅行の思い出、計画について、20－50 字以内で文章を作成し、発表してみましょう。

词汇

A-24

- □ 刷牙：歯を磨く
- □ 越来越：ますます
- □ 熬夜：夜更かしをする
- □ 精神：元気だ
- □ 夏天：夏
- □ 家人：家族（の人たち）
- □ 旅游：旅行
- □ 出发：出発する
- □ 租车：車をレンタルする
- □ 自由行：個人旅行、フリープラン
- □ 唐人街：チャイナタウン
- □ 之后：～のあと
- □ 像：まるで～のようである、似ている
- □ 有空：時間がある

第7课 传统文化(上)

大家一起念 中秋节 A-25

今天中秋节，	Jīntiān Zhōngqiūjié,	今日は中秋節。
月亮圆又圆，	yuèliang yuán yòu yuán.	月が真ん丸。
我们许个愿，	Wǒmen xǔ ge yuàn,	願い事をして、
开心多一点。	kāixīn duō yìdiǎn.	楽しいことが多くなるように。

新表达用用看 1 A-26

1 怎么 + 動詞 (どのように~) 相关表达 怎么了 (どうした)、怎么样 (いかが)

A 中秋节你打算怎么过？ Zhōngqiūjié nǐ dǎsuàn zěnme guò?

B 我打算和家人一起吃月饼。 Wǒ dǎsuàn hé jiārén yìqǐ chī yuèbing.

2 動詞 + 動詞 + ～ + 什么的 (～したり～したりなど)

A 周末你打算怎么过？
Zhōumò nǐ dǎsuàn zěnme guò?

B 和家人一起吃吃饭、看看电影什么的。
Hé jiārén yìqǐ chīchi fàn、kànkan diànyǐng shénme de.

3 一边……一边…… (～しながら～する) 相关表达 边……边……

A 中国人过年时会做什么？
Zhōngguórén guònián shí huì zuò shénme?

B 如果是北方人的话，可能会一边包饺子，一边看春晚。
Rúguǒ shì běifāngrén de huà, kěnéng huì yìbiān bāo jiǎozi, yìbiān kàn chūn wǎn.

4 要看…… (～による)

A 中国人喜欢吃什么样的粽子？
Zhōngguórén xǐhuan chī shénmeyàng de zòngzi?

B 那要看每个人的口味。我喜欢吃蛋黄馅儿的。
Nà yào kàn měi ge rén de kǒuwèi. Wǒ xǐhuan chī dànhuáng xiànr de.

学会话

A-27

A　中国人　怎么　过　春节？
Zhōngguórén zěnme guò Chūnjié?

B　一般　是　全家人　一起　一边　吃　年夜饭，一边　看　电视，
Yìbān shì quánjiārén yìqǐ yìbiān chī niányèfàn, yìbiān kàn diànshì,

互相　发发　红包、拜拜　年　什么的。
hùxiāng fāfa hóngbāo、bàibai nián shénmede.

A　听说　中国人　过年　都　吃　饺子，是　这样　吗？
Tīngshuō Zhōngguórén guònián dōu chī jiǎozi, shì zhèyàng ma?

B　那　要　看　他　是　北方人　还是　南方人，如果　是　北方人，
Nà yào kàn tā shì běifāngrén háishi nánfāngrén, rúguǒ shì běifāngrén,

应该　会　吃　饺子。
yīnggāi huì chī jiǎozi.

A　过年　时　你们　会　说　什么　拜年　话？
Guònián shí nǐmen huì shuō shénme bàinián huà?

B　我　会　说“新年　快乐！”“恭喜　发财！”
Wǒ huì shuō “xīnnián kuàilè!” “gōngxǐ fācái!”

说说看

ヒント　1. 日本人のお正月の過ごし方は？
2. お正月に何を食べますか。
3. お正月のとき、よくどこに行きますか。

词汇

A-28

□ 打算：～するつもりだ
□ 过：過ごす、祝う
□ 如果：もし
□ 包饺子：餃子を包む
□ 春晚：春節聯歓晩会の略称、旧正月をまたぐカウントダウンイベント
□ 粽子：中華チマキ
□ 要看：～による
□ 口味：味の好み
□ 蛋黄：卵の黄身
□ 馅：餡
□ 一边……一边……：～しながら～する
□ 年夜饭：年越しの食事
□ 发红包：お年玉をあげる
□ 拜年：新年の挨拶をする
□ 什么的：などなど
□ 恭喜：おめでとう、～でありますように
□ 发财：儲かる

第8课　传统文化（下）

大家一起念　复习　A-29

Jīntiān Zhōngqiūjié,　今日は中秋節。
yuèliang yuán yòu yuán.　月が真ん丸。
Wǒmen xǔ ge yuàn,　願い事をして、
kāixīn duō yìdiǎn.　楽しいことが多くなるように。

新表达用用看 2　A-30

1 需要（～する必要がある / ～が要る）

A 你需要多休息。　Nǐ xūyào duō xiūxi.
B 不，我需要咖啡。　Bù, wǒ xūyào kāfēi.

2 就（早い、少ないを表す）　相关表达 才（遅い、多いを表す）

A 你订好机票了吗？　Nǐ dìnghǎo jīpiào le ma?
B 我上个月就订好了。　Wǒ shàng ge yuè jiù dìnghǎo le.

3 只能（しかできない、するしかない）

A 歌舞伎的演员只能是男性吗？
Gēwǔjì de yǎnyuán zhǐnéng shì nánxìng ma?

B 以前不是，现代歌舞伎是这样的。
Yǐqián bú shì, xiàndài gēwǔjì shì zhèyàng de.

4 有的人……（～の人がいる）　相关表达 有的时候、有的地方（～のとき・ところがある）

A 他有的时候不回我邮件。
Tā yǒu de shíhou bù huí wǒ yóujiàn.

B 有的人就是不太爱回邮件。
Yǒu de rén jiùshì bú tài ài huí yóujiàn.

A-31

今天 我 想 聊聊 日本 的"Hakama"。"Hakama"是 一 种
Jīntiān wǒ xiǎng liáoliao Rìběn de "Hakama". "Hakama" shì yì zhǒng

裙裤，每年 3 月底，很 多 即将 大学 毕业 的 女生 都 会 穿
qúnkù, měinián sān yuèdǐ, hěn duō jíjiāng dàxué bìyè de nǚshēng dōu huì chuān

这 种 裙裤 参加 毕业 典礼。不过，日式 裙裤 非常 贵，而且 只
zhèi zhǒng qúnkù cānjiā bìyè diǎnlǐ. Búguò, Rì-shì qúnkù fēicháng guì, érqiě zhǐ

能 穿 一 次，所以 很 多 人 选择 租借，租借 也 需要 提前
néng chuān yí cì, suǒyǐ hěn duō rén xuǎnzé zūjiè, zūjiè yě xūyào tíqián

预约，有 的 人 一 年 前 就 预约好 了。
yùyuē, yǒu de rén yì nián qián jiù yùyuēhǎo le.

写作与发表

日本の伝統文化について、20 － 50 字以内で文章を作成し、発表してみましょう。

词汇

A-32

- □ 需要：～する必要がある
- □ 多：多く
- □ 订机票：チケットを予約する
- □ 好：ちゃんと～、終わる
- □ 歌舞伎：歌舞伎
- □ 演员：役者、俳優
- □ 回：返事をする、返信する
- □ 邮件：メール
- □ 裙裤：袴
- □ 即将：もうすぐ
- □ 毕业典礼：卒業式
- □ 而且：しかも
- □ 选择：選ぶ
- □ 租借：レンタルする
- □ 提前：繰り上げる、前もって～する
- □ 预约：予約する

第9课 常用的社交软件（上）

大家一起念 伝えたいこと A-33

我有一件事，	Wǒ yǒu yí jiàn shì,	私にはあなたに、
想要告诉你。	xiǎngyào gàosu nǐ.	話したいことがある。
好事你快讲，	Hǎoshì nǐ kuài jiǎng,	いい話だったら早く話して、
坏事就别说。	huàishì jiù bié shuō.	悪いことなら言わないで。

新表达用用看 1 A-34

1 是……的（誰が、いつ、どこ、どのようにしたのだ）

A 你的偶像是什么时候出道的？ Nǐ de ǒuxiàng shì shénme shíhou chūdào de?

B 是去年刚出道的。 Shì qùnián gāng chūdào de.

2 動詞 + 个 + 名詞（ちょっと～する）

A 咱们加个好友吧！ Zánmen jiā ge hǎoyǒu ba!

B 好啊，你扫我还是我扫你？ Hǎo a, nǐ sǎo wǒ háishi wǒ sǎo nǐ?

3 把……（～を）

A 你看到他在群里发的消息了吗？ Nǐ kàndào tā zài qún li fā de xiāoxi le ma?

B 没看到，我把他拉黑了。 Méi kàndào, wǒ bǎ tā lāhēi le.

学会话 A-35

A 你 有 微信 吗?
Nǐ yǒu wēixìn ma?

B 有，前 两 天 刚 安装 的。
Yǒu, qián liǎng tiān gāng ānzhuāng de.

A 咱们 加 个 好友 吧，这 是 我 的 二维码。
Zánmen jiā ge hǎoyǒu ba, zhè shì wǒ de èrwéimǎ.

B 好，那 我 扫 你。
Hǎo, nà wǒ sǎo nǐ.

A 我们 有 个 校友 群，我 把 你 拉进来 怎么样?
Wǒmen yǒu ge xiàoyǒu qún, wǒ bǎ nǐ lājìnlai zěnmeyàng?

B 可以 的 话，那 就 太 好 了。
Kěyǐ de huà, nà jiù tài hǎo le.

……

A 加好 了，跟 大家 打 个 招呼 吧。
Jiāhǎo le, gēn dàjiā dǎ ge zhāohu ba.

说说看

ヒント
1. WeChat を使っていますか。LINE は？
2. お友達追加をしてもいいですか。
3. メッセージが届きましたか。
4. いくつの（チャット）グループに入っていますか。

词汇 A-36

- □ 偶像：アイドル
- □ 出道：デビューする
- □ 加好友：友達追加をする
- □ 扫：スキャンする
- □ 群：グループ
- □ 发：送る
- □ 消息：メッセージ
- □ 把：～を
- □ 拉黑：ブロックする
- □ 微信：WeChat
- □ 刚：～したばかり
- □ 安装：インストールする
- □ 二维码：QR コード
- □ 校友：校友
- □ 打招呼：挨拶する、一声かける

第10课 常用的社交软件（下）

大家一起念 复习 A-37

Wǒ yǒu yí jiàn shì,	私にはあなたに、
xiǎngyào gàosu nǐ.	話したいことがある。
Hǎoshì nǐ kuài jiǎng,	いい話だったら早く話して、
huàishì jiù bié shuō.	悪いことなら言わないで。

新表达用用看 2 A-38

1 用…（～で）

A 你主要用什么社交软件？
Nǐ zhǔyào yòng shénme shèjiāo ruǎnjiàn?

B 我主要用 LINE 发短信，用学校的邮箱发邮件。
Wǒ zhǔyào yòng LINE fā duǎnxìn, yòng xuéxiào de yóuxiāng fā yóujiàn.

2 有点儿 + 形容詞（ちょっと～だ） 相关表达 形容詞 + 一点儿（少し～して）

A 你有几个 X 的账号？ Nǐ yǒu jǐ ge X de zhànghào?

B 有点儿多，大概有五六个吧。 Yǒudiǎnr duō, dàgài yǒu wǔ liù ge ba.

3 一会儿……一会儿……（～したり～したりする）

A 你周日是怎么过的？
Nǐ zhōurì shì zěnme guò de?

B 一会儿看看视频，一会儿玩玩游戏，一天一下子就过去了。
Yíhuìr kànkan shìpín, yíhuìr wánwan yóuxì, yì tiān yíxiàzi jiù guòqu le.

学短文

A-39

你 知道 日本人 都 用 什么 社交 软件 吗? 我 常 用
Nǐ zhīdao Rìběnrén dōu yòng shénme shèjiāo ruǎnjiàn ma? Wǒ cháng yòng

油管 和 抖音 看 视频, 用 X 和 Instagram 分享 自己 的 日常
yóuguǎn hé dǒuyīn kàn shìpín, yòng X hé Instagram fēnxiǎng zìjǐ de rìcháng

和 想法。如果 有 人 给 我 点 赞, 我 就 会 特别 开心。但是, 我
hé xiǎngfǎ. Rúguǒ yǒu rén gěi wǒ diǎn zàn, wǒ jiù huì tèbié kāixīn. Dànshì, wǒ

用 在 社交 软件 上 的 时间 有点儿 长, 一会儿 用 X, 一会儿
yòng zài shèjiāo ruǎnjiàn shang de shíjiān yǒudiǎnr cháng, yíhuìr yòng X, yíhuìr

用 Instagram, 几 个 小时 一下子 就 过去 了。
yòng Instagram, jǐ ge xiǎoshí yíxiàzi jiù guòqu le.

写作与发表

自分がよく利用するSNSについて、20 − 50字以内で文章を作成し、発表してみましょう。

词汇

A-40

- □ 主要：おもに
- □ 社交软件：SNSアプリ
- □ 短信：ショートメッセージ
- □ 邮箱：メールボックス（アドレス）
- □ 账号：アカウント
- □ 有点儿：すこし
- □ 大概：たぶん
- □ 周日：日曜日
- □ 视频：動画
- □ 游戏：ゲーム
- □ 一下子：あっという間に
- □ 过去：過ぎ去る
- □ 油管：YouTube
- □ 抖音：TikTok
- □ 分享：シェアする
- □ 日常：日常生活
- □ 想法：考え
- □ 点赞：いいねを押す
- □ 特别：非常に
- □ 开心：嬉しい

表現編

第 11 课　现代文化（上）

大家一起念 ／ ヒップポップダンス　A-41

你爱玩什么？　Nǐ ài wán shénme?　趣味は何？
我爱跳街舞。　Wǒ ài tiào jiēwǔ.　ヒップホップダンス。
水平怎么样？　Shuǐpíng zěnmeyàng?　どのレベル？
实在很一般。　Shízài hěn yìbān.　かなり普通よ。

新表达用用看 1　A-42

1 動詞 + “得”（“不”）+ 結果補語

A 他说得很快，你听得懂吗？
Tā shuōde hěn kuài, nǐ tīngdedǒng ma?

B 听不太懂，但能猜出他想说的。
Tīng bú tài dǒng, dàn néng cāichū tā xiǎng shuō de.

2 其实（じつは）

A 我其实不是 18 岁，我已经 28 岁了。　Wǒ qíshí bú shì shíbā suì, wǒ yǐjīng èrshibā suì le.

B 我其实已经知道了。　Wǒ qíshí yǐjīng zhīdao le.

3 比……更……（～より～さらに）　相关表达 比……还……（～よりも～）

A 我觉得贡茶的黑糖奶茶比这家店的更好喝。
Wǒ juéde Gòngchá de hēitáng nǎichá bǐ zhèi jiā diàn de gèng hǎohē.

B 但我觉得这家店的珍珠更好吃。
Dàn wǒ juéde zhèi jiā diàn de zhēnzhū gèng hǎochī.

4 连……都（也）……（～さえ～も、～までも）

A 你今天打扮得真漂亮！　Nǐ jīntiān dǎbande zhēn piàoliang!

B 没有没有，我连粉底都没涂！　Méiyouméiyou, wǒ lián fěndǐ dōu méi tú!

学会话　A-43

A　我 最近 迷上了 追剧——一 部 科幻 连续剧《三体》。
Wǒ zuìjìn míshàngle zhuījù — yí bù kēhuàn liánxùjù《Sān tǐ》.

B　我 也 看 了，你 都 看懂 了 吗？
Wǒ yě kàn le, nǐ dōu kàndǒng le ma?

A　文革 的 地方 看 不 太 懂，但是 整体 看明白 了
Wéngé de dìfang kàn bú tài dǒng, dànshì zhěngtǐ kànmíngbai le

B　其实 小说 比 电视剧 更 精彩。
Qíshí xiǎoshuō bǐ diànshìjù gèng jīngcǎi.

A　你 连 小说 都 看过 啊，有 日文版 吗？
Nǐ lián xiǎoshuō dōu kànguo a, yǒu Rìwén bǎn ma?

B　有 啊，翻得 特别 好。
Yǒu a, fānde tèbié hǎo.

ヒント　1. 好きな映画・ドラマ・小説・バラエティ番組を紹介しましょう。
2. それぞれの面白いところはどこですか。
3. どんなことに夢中になったことがありますか。その理由も話しましょう。

词汇　A-44

□ 猜：当てる
□ 其实：じつは
□ 更：もっと
□ 贡茶：貢茶（店名）
□ 黑糖奶茶：黒糖ミルクティー
□ 珍珠（奶茶）：タピオカミルクティー
□ 打扮：着飾る
□ 粉底：ファンデーション
□ 涂：塗る
□ 迷上：はまる、夢中になる
□ 追剧：ドラマを追いかける
□ 部：ドラマを数える量
□ 科幻：SF
□ 连续剧：連続ドラマ
□ 文革：文化大革命
□ 整体：全体的に
□ 明白：分かる
□ 精彩：すばらしい
□ 翻（译）：翻訳する、通訳する

第12课 现代文化（下）

大家一起念 / 复习 A-45

Nǐ ài wán shénme? 趣味は何？

Wǒ ài tiào jiēwǔ. ヒップホップダンス。

Shuǐpíng zěnmeyàng? どのレベル？

Shízài hěn yìbān. かなり普通よ。

新表达用用看 2 A-46

1 一……就……（～すると～）

A 为了追星，你会做些什么？
Wèile zhuī xīng, nǐ huì zuò xiē shénme?

B 偶像一开演唱会，我就一定会去看。
Ǒuxiàng yì kāi yǎnchànghuì, wǒ jiù yídìng huì qù kàn.

2 既……又……（～でありながら～だ） 相关表达 又……又……（～し～し）

A 我的偶像真的既有才华，性格又好。 Wǒ de ǒuxiàng zhēnde jì yǒu cáihuá, xìnggé yòu hǎo.

B 你说的是哪个偶像？ Nǐ shuō de shì něige ǒuxiàng?

3 不仅……还……（～だけでなく、しかも～だ） 相关表达 不仅……而且（还）……

A 看中国的电视剧不仅能了解中国文化，还能学习中文。
Kàn Zhōngguó de diànshìjù bùjǐn néng liǎojiě Zhōngguó wénhuà, hái néng xuéxí Zhōngwén.

B 我也喜欢看，而且我会把喜欢的台词记下来。
Wǒ yě xǐhuan kàn, érqiě wǒ huì bǎ xǐhuan de táicí jìxiàlai.

学短文　A-47

今天 聊聊 我 的 爱好。我 喜欢 看 动画片，一 开始 看，就
Jīntiān liáoliao wǒ de àihào. Wǒ xǐhuan kàn dònghuàpiàn, yì kāishǐ kàn, jiù

停不下来。我 最近 迷上了《排球 少年》。另外，我 还 爱 看 推理
tíngbuxiàlai. Wǒ zuìjìn míshàngle《Páiqiú shàonián》. Lìngwài, wǒ hái ài kàn tuīlǐ

小说，最 喜欢 的 作家 是 东野 圭吾，他 的 作品 既 精彩 又
xiǎoshuō, zuì xǐhuan de zuòjiā shì Dōngyě Guīwú, tā de zuòpǐn jì jīngcǎi yòu

感人。我 不仅 经常 看 小说，还 喜欢 写 小说，不过 写得 还
gǎnrén. Wǒ bùjǐn jīngcháng kàn xiǎoshuō, hái xǐhuan xiě xiǎoshuō, búguò xiěde hái

不 太 好。
bú tài hǎo.

写作与发表

好きな日本の現代文化について20－50字以内で文章を作成し、発表してみましょう。

词汇　A-48

- □ 追星：推し活をする
- □ 演唱会：コンサート
- □ 真的：ほんとうに
- □ 既……又……：～でありながら～だ
- □ 才华：すぐれた才能
- □ 不仅……还……：～だけでなく、しかも～だ
- □ 台词：セリフ
- □ 记：メモする、覚える
- □ 动画片：アニメ
- □ 排球少年：ハイキュー!!
- □ 停：止まる
- □ 推理小说：推理小説
- □ 感人：人を感動させる、感動的だ

基礎編

第 1 课　你考六级了吗?

B-01

A：你 考 六 级 了 吗?
Nǐ kǎo liù jí le ma?

B：还 没 考 呢。下个月 考。
Hái méi kǎo ne. Xià ge yuè kǎo.

A：过了 告诉 我 一下 吧。我 要 送 你
Guòle gàosu wǒ yíxià ba. Wǒ yào sòng nǐ

一 个 小 礼物!
yí ge xiǎo lǐwù!

B：真的? 一言为定!
Zhēn de? Yì yán wéi dìng!

短文

B-02

我 昨天 跟 一 个 中国 朋友 互相 学习，他 教了 我 汉语，
Wǒ zuótiān gēn yí ge Zhōngguó péngyou hùxiāng xuéxí, tā jiāole wǒ Hànyǔ,

我 教了 他 日语。我 觉得 这 是 一 种 学 外语 的 好 办法。
wǒ jiāole tā Rìyǔ. Wǒ juéde zhè shì yì zhǒng xué wàiyǔ de hǎo bànfǎ.

中国を調べよう!

中国の有名大学を４つ挙げてみましょう。そのピンインを調べましょう。

文法ポイント B-03

1 助詞"了"

- 助詞"了"は述語、または文の後に置かれて、「動作の完了や実現」、「状況の変化、新しい状況の出現」などを表します。

① 他没去美国，他来日本了。 Tā méi qù Měiguó, tā lái Rìběn le.
② 他喝了一杯红茶。 Tā hēle yì bēi hóngchá.
③ 我买了零食就回家。 Wǒ mǎile língshí jiù huíjiā.
④ 现在凉快了。 Xiànzài liángkuai le.

2 二重目的語を取る動詞

- 主に「与える、もらう」のような授受関係の意味を表す動詞は同時に目的語を2つ取ることがあります。

主語 + 動詞 + 目的語①(動作の受け手) + 目的語②(動作の対象)

⑤ 我想送你一盒巧克力。 Wǒ xiǎng sòng nǐ yì hé qiǎokèlì.
⑥ 我想问你一个问题。 Wǒ xiǎng wèn nǐ yí ge wèntí.

3 動詞の重ね型

- 動詞を繰り返して重ねると「ちょっと～する」のように動作の時間が短いことや回数が少ないニュアンスなどを表します。
- 単音節の動詞は重ねる場合、間に"一"を入れることもあります。

⑦ 你尝(一)尝味道吧。 Nǐ cháng (yi) chang wèidao ba.
⑧ 我们在这里休息休息吧！ Wǒmen zài zhèli xiūxixiūxi ba!

词汇 B-04

□ 考：受験する
□ 级：～級
□ 过：合格する、パスする
□ 告诉：伝える
□ 送：贈る
□ 礼物：プレゼント
□ 真的：本当に
□ 一言为定：約束を守る
□ 互相：お互いに
□ 种：種類
□ 外语：外国語
□ 办法：方法
□ 红茶：紅茶
□ 零食：おやつ、間食
□ 问：質問する、尋ねる
□ 问题：質問、問題
□ 尝：味わう
□ 味道：味

第2课　你带着相机去哪儿?

B-05

A：你 带着 相机 去 哪儿?
Nǐ dàizhe xiàngjī qù nǎr?

B：我 现在 去 高尾山 拍 红叶。
Wǒ xiànzài qù Gāowěishān pāi hóngyè.

A：那里 红叶 已经 红 了 吗?
Nàli hóngyè yǐjīng hóng le ma?

B：听说 现在 正 是 最 漂亮 的 时候。
Tīngshuō xiànzài zhèng shì zuì piàoliang de shíhou.

短文

B-06

小张 中午 回 房间 休息。空调 开着，房间 里 很 凉快。
Xiǎo-Zhāng zhōngwǔ huí fángjiān xiūxi. Kōngtiáo kāizhe, fángjiān li hěn liángkuai.

他 喜欢 在 床 上 躺着 看 漫画。对 他 来 说，那 是 最
Tā xǐhuan zài chuáng shang tǎngzhe kàn mànhuà. Duì tā lái shuō, nà shì zuì

放松 的 时刻。
fàngsōng de shíkè.

中文好有趣

●"看"の様々な用例

"看"は「見る」の意味です。　你看，那是什么?
意見を求めるときも使えます。　A 你看，我买哪个好?　B 我看，你不买最好。
「考える」も"看"です。　A 我看，这个一定很好吃。　B 看来，他生气了。
責めるときも"看"を使います。　你看你！
「してみる」の"看"もあります。　这件衣服你穿穿看。　我来说说看。

文法ポイント　B-07

1 持続“着”

- 助詞“着”は動詞の後に置いて「～している、～てある」という意味になり、動作や状態の持続を表します。

① 爷爷今天戴着眼镜。　Yéye jīntiān dàizhe yǎnjìng.
② 他拿着行李。　Tā názhe xíngli.
③ 她们站着聊天儿。　Tamen zhànzhe liáotiānr.

2 連動文

- 1つの動作主が2つ以上の動詞フレーズを有する文で、主に時系列に並べて表現します。
- 1つめの動詞が2つめの動作の「方法・手段」を表すこともあります。

④ 我儿子去公园玩儿了。　Wǒ érzi qù gōngyuán wánr le.
⑤ 我坐飞机去上海。　Wǒ zuò fēijī qù Shànghǎi.

词汇　B-08

- □ 带：携帯する、持つ
- □ 着：～している、てある
- □ 相机：カメラ
- □ 高尾山：高尾山
- □ 拍：（写真を）撮影する
- □ 红叶：紅葉、もみじ
- □ 红：赤い
- □ 听说：聞くところによると～
- □ 最：最も、一番
- □ 时候：～のとき
- □ 中午：昼、正午
- □ 空调：エアコン
- □ 开：（機械を）運転する、動かす
- □ 床：ベッド
- □ 躺：横になる、寝そべる
- □ 漫画：漫画
- □ 放松：リラックスする
- □ 时刻：時間
- □ 戴：身に付ける、着用する
- □ 眼镜：眼鏡
- □ 拿：持つ、取る
- □ 行李：荷物
- □ 站：立つ
- □ 聊天儿：おしゃべりをする
- □ 玩儿：遊ぶ
- □ 飞机：飛行機

第3课 从几点到几点？

B-09

A：你 晚上 还 得 去 打工 吧？
Nǐ wǎnshang hái děi qù dǎgōng ba?

B：对，在 新宿 打工。要 工作 四 个 小时。
Duì, zài Xīnsù dǎgōng. Yào gōngzuò sì ge xiǎoshí.

A：从 几 点 到 几 点？
Cóng jǐ diǎn dào jǐ diǎn?

B：从 六 点 到 十 点。
Cóng liù diǎn dào shí diǎn.

下了 班，我 就 跟 你 联系。
Xiàle bān, wǒ jiù gēn nǐ liánxì.

短文

B-10

今天 我 要 去 北京 站 接 一 个 日本 朋友。从 我 家 到
Jīntiān wǒ yào qù Běijīng zhàn jiē yí ge Rìběn péngyou. Cóng wǒ jiā dào

北京 站 坐 地铁 最 快，二 号线 坐 二十 分钟 就 能 直接 到
Běijīng zhàn zuò dìtiě zuì kuài, èr hàoxiàn zuò èrshí fēnzhōng jiù néng zhíjiē dào

北京 站，不用 换车，很 方便。
Běijīng zhàn, bú yòng huànchē, hěn fāngbiàn.

中国を調べよう！

中国の世界遺産と３つ挙げて、それがある場所（省や自治区）について調べてみましょう。

文法ポイント

B-11

1 前置詞

- 「前置詞＋名詞」でフレーズを作り、主に述語の前に置いて「動作の起点・着点、発生場所、対象」などを表します。

① 从我家到车站要走十分钟。 Cóng wǒ jiā dào chēzhàn yào zǒu shí fēnzhōng.
② 离考试还有一个星期。 Lí kǎoshì hái yǒu yí ge xīngqī.
③ 我刚才给他发短信了。 Wǒ gāngcái gěi tā fā duǎnxìn le.
④ 他哥哥大学毕业后一直都在上海工作。 Tā gēge dàxué bìyè hòu yìzhí dōu zài Shànghǎi gōngzuò.

2 義務・当然の助動詞

- 述語の前に置き、"应该"は「～すべきだ」、"得（děi）"・"要"は「～しなければならない」という意味を表します。
- 否定形は"应该"が"不应该"「～すべきではない」、"得（děi）"・"要"はともに"不用"「～しなくてよい」とします。

主語＋"应该"/"得"/"要"＋動詞句

⑤ 你应该早点儿回去。 Nǐ yīnggāi zǎodiǎnr huíqu.
⑥ 我们得考虑一下这个问题。 Wǒmen děi kǎolǜ yíxià zhèige wèntí.
⑦ 你要好好儿照顾她。 Nǐ yào hǎohāor zhàogù tā.
⑧ 你不用担心。 Nǐ bú yòng dānxīn.

词汇

B-12

- □ 得：～しなければならない
- □ 下班：退勤する
- □ 联系：連絡する
- □ 接：迎える
- □ 号线：～号線
- □ 直接：直接の、じかに
- □ 不用：～しなくてよい
- □ 换车：（列車やバスを）乗り換える
- □ 车站：駅
- □ 离：～から、～まで
- □ 给：～に
- □ 发：送る、送信する
- □ 短信：ショートメッセージ
- □ 毕业：卒業する
- □ 后：～のあと
- □ 应该：～すべきだ
- □ 回去：帰っていく、戻る
- □ 好好儿：しっかりと、十分に
- □ 照顾：世話をする、面倒をみる
- □ 担心：心配する

第4课　刚才我没时间看手机。

B-13

A：铃木，刚才 给 你 发 微信 怎么 不 回 我？
Língmù, gāngcái gěi nǐ fā wēixìn zěnme bù huí wǒ?

B：不 好意思，刚才 我 没 时间 看 手机。
Bù hǎoyìsi, gāngcái wǒ méi shíjiān kàn shǒujī.

A：你 在 忙 什么 呢？
Nǐ zài máng shénme ne?

B：王 经理 叫 我 回 一 趟 办公室，
Wáng jīnglǐ jiào wǒ huí yí tàng bàngōngshì,

跟 他 一起 找 文件。
gēn tā yìqǐ zhǎo wénjiàn.

短文

B-14

我 快要 过 生日 了。有 个 朋友 说 要 请 我 吃饭。可是 我
Wǒ kuàiyào guò shēngrì le. Yǒu ge péngyou shuō yào qǐng wǒ chīfàn. Kěshì wǒ

听 张 老师 说，按照 中国 的 习惯，过 生日 的 人 应该 请
tīng Zhāng lǎoshī shuō, ànzhào Zhōngguó de xíguàn, guò shēngrì de rén yīnggāi qǐng

大家 吃饭。
dàjiā chīfàn.

中文好有趣

●“吃”の様々な用例

「服用する」　你今天吃药吗？
「食らう」　吃我一拳！
「受ける」　他吃了很多苦。
「びっくり」　我太吃惊了。
「損をする」　我的蛋糕那么小，我吃亏了。

文法ポイント B-15

1 兼語文

A +"叫"/"让"/"请"+ B + 動詞句

- 動詞「"叫"/"让"/"请"」の目的語であるBが後の動詞の主語も兼ねている文です。
- よく使役の表現に使われ「(AがBに)～させる、～するように言う、～させてあげる、～してもらう」などの意味を表します。

① 老师叫我每天念课文。 Lǎoshī jiào wǒ měitiān niàn kèwén.
② 他让我去买英文杂志。 Tā ràng wǒ qù mǎi Yīngwén zázhì.
③ 我请他参加我的生日晚会。 Wǒ qǐng tā cānjiā wǒ de shēngrì wǎnhuì.
④ 我父母不让我一个人住。 Wǒ fùmǔ bú ràng wǒ yí ge rén zhù.

2 "有"+ A + 動詞句

主語 +"有"+ A + 動詞句

- この文は"有"の目的語であるAが後の動詞句の修飾を受けて「～するAがあります」という意味を表します。

⑤ 我有事情要跟你商量。 Wǒ yǒu shìqing yào gēn nǐ shāngliang.
⑥ 我没有钱去台北留学。 Wǒ méiyǒu qián qù Táiběi liúxué.

词汇 B-16

- □ 回：返事をする、返信する
- □ 忙：急いでやる、忙しく働く
- □ 经理：支配人、経営者
- □ 趟：1往復する回数を数える。～回
- □ 找：探す
- □ 文件：文書、書類
- □ 快要～了：まもなく～
- □ 过：過ごす、祝う
- □ 按照：～に照らして、～のとおりに
- □ 习惯：習慣
- □ 大家：みんな
- □ 叫：～させる
- □ 念：音読する
- □ 课文：教科書の本文
- □ 让：～させる
- □ 英文：英語
- □ 请：～してもらう
- □ 晚会：パーティー
- □ 父母：両親
- □ 住：住む
- □ 事情：事、事柄
- □ 商量：相談する
- □ 留学：留学する

第 5 课　这些菜做得太好吃了！

B-17

A：这些　菜　做得　太　好吃　了！
Zhèixiē　cài　zuòde　tài　hǎochī　le!

B：真的？你　说　哪个　菜　做得　最　好？
Zhēn de?　Nǐ　shuō　něige　cài　zuòde　zuì　hǎo?

A：这个　青椒肉丝　味道　好　极了！
Zhèige　qīngjiāo ròusī　wèidao　hǎo　jíle!

B：谢谢　你　的　夸奖！那　你　多　吃　点儿　吧！
Xièxie　nǐ　de　kuājiǎng!　Nà　nǐ　duō　chī　diǎnr　ba!

短文

B-18

我　昨晚　睡得　很　晚，早上　起得　很　早，只　睡了　三　个
Wǒ　zuówǎn　shuìde　hěn　wǎn,　zǎoshang　qǐde　hěn　zǎo,　zhǐ　shuìle　sān　ge

小时，现在　困　死了。可是　我　第　一　节　有　课，上课　再　睡　吧。
xiǎoshí,　xiànzài　kùn　sǐ le.　Kěshì　wǒ　dì　yī　jié　yǒu　kè,　shàngkè　zài　shuì　ba.

中国を調べよう！

中国の節句とそれに関連する食べ物を線で結びましょう。

元宵节・ Yuánxiāojié	・汤圆 tāngyuán
端午节・ Duānwǔjié	・大闸蟹 dàzháxiè
中秋节・ Zhōngqiūjié	・粽子 zòngzi
重阳节・ Chóngyángjié	・月饼 yuèbing

文法ポイント B-19

1 様態補語

- 動詞の後に“得（de）”を置き「動詞 +“得”+ 形容詞句」のかたちで多くは「～するのが…である」という意味で、動作のさまや評価などを表現します。
- 否定形は形容詞フレーズの部分で否定します。
- 目的語を伴う場合、動詞を繰り返しますが１つめの動詞は省略することもできます。

主語 +（動詞）+ 目的語 + 動詞 +“得”+ 形容詞句

① 他跑得很快。　Tā pǎode hěn kuài.

② 我唱得不太好。　Wǒ chàngde bú tài hǎo.

③ 她弹钢琴弹得很不错。　Tā tán gāngqín tánde hěn búcuò.

④ 那个人网球打得怎么样？　Nèige rén wǎngqiú dǎde zěnmeyàng?

⑤ 他的日语说得真流利。　Tā de Rìyǔ shuōde zhēn liúlì.

2 程度補語

- “极了”や“得多”などの語句を主に述語となる形容詞の後に置き、「かなり～、とても～」などその程度を強めます。

⑥ 这件衣服漂亮极了！　Zhèi jiàn yīfu piàoliang jíle!

⑦ 今天比昨天凉快得多。　Jīntiān bǐ zuótiān liángkuaide duō.

词汇 B-20

- □ 得：動詞や形容詞の後に用い、様態や程度を表す補語を導く
- □ 青椒肉丝：チンジャオロース
- □ 极了：かなり～、きわめて～
- □ 夸奖：（他人を）ほめる
- □ 昨晚：昨晩
- □ 起：起きる
- □ 死了：（補語として使い）すごく～、ひどく～
- □ 节：（授業時間の）～コマ
- □ 再：それから、～してから
- □ 跑：走る
- □ 不太：あまり～でない
- □ 网球：テニス
- □ 流利：流暢である
- □ 衣服：服
- □ 极了：（補語として使い）かなり～、とても～
- □ 得多：かなり～

第6课 里面装着什么？

会话 B-21

A：你 的 包 鼓鼓的，里面 装着 什么？
Nǐ de bāo gǔgǔ de, lǐmiàn zhuāngzhe shénme?

B：装着 平板 电脑、阳伞、环保袋 什么的。
Zhuāngzhe píngbǎn diànnǎo、yángsǎn、huánbǎodài shénmede.

A：欸，这 种 环保袋 我 第 一 次 见。
Éi, zhèi zhǒng huánbǎodài wǒ dì yī cì jiàn.

B：是 学校 发 的，如果 你 喜欢，
Shì xuéxiào fā de, rúguǒ nǐ xǐhuan,

就 送给 你 吧！
jiù sònggěi nǐ ba!

短文 B-22

虽然 我 家 没有 院子，但是 有 一 个 比较 大 的 阳台。
Suīrán wǒ jiā méiyǒu yuànzi, dànshì yǒu yí ge bǐjiào dà de yángtái.

阳台 上 摆着 很 多 花盆。花盆 里 种着 各种各样 的
Yángtái shang bǎizhe hěn duō huāpén. Huāpén li zhòngzhe gèzhǒng gèyàng de

花草。奶奶 负责 照顾，我 有时 也 帮帮忙。
huācǎo. Nǎinai fùzé zhàogù, wǒ yǒushí yě bāngbang máng.

中文好有趣

● "这、那、哪" の様々な使い方

どうすべきか悩むとき	这个……这个……
言葉が詰まるとき	那个什么……
結論を思い切って話すとき	那这样吧！
人を褒めるとき	你的中文这么好！
褒められて、返すとき	哪里哪里，我的中文还不太好。

文法ポイント　B-23

1 存現文

場所・時点 + 動詞 +（不特定な）主体【意味上の主語】

- 動詞の後に意味上の主語である不特定な主体を置き、その存在や出現、消失を表現します。
- 自然現象を表現する場合にもよく使われます。

① 前面来了一辆汽车。　Qiánmiàn láile yí liàng qìchē.
② 教室里坐着两个学生。　Jiàoshì li zuòzhe liǎng ge xuésheng.
③ 外面还在下雨呢。　Wàimiàn hái zài xiàyǔ ne.
④ 山上开了很多花，美极了！　Shān shang kāile hěn duō huā, měi jíle.

2 複文

- 複文は因果関係や逆接関係などを表す接続詞・副詞などを使って、2つ以上の単文を組み合わせて意味が成立する文です。副詞は基本的に主語や時間詞の後、動詞の前に置きます。
- 接続詞は前後の文で一部省略することもあります。

⑤（因为）他感冒了，所以不能来上课了。
(Yīnwèi) Tā gǎnmào le, suǒyǐ bù néng lái shàngkè le.

⑥ 我没时间去旅游，因为工作太忙了。　Wǒ méi shíjiān qù lǚyóu, yīnwèi gōngzuò tài máng le.

⑦ 虽然下大雪了，但（是）他还是准时来了。
Suīrán xià dàxuě le, dàn (shì) tā háishi zhǔnshí lái le.

⑧ 如果你不想去，我就跟田中一起去吧。
Rúguǒ nǐ bù xiǎng qù, wǒ jiù gēn Tiánzhōng yìqǐ qù ba.

词汇　B-24

□ 包：カバン
□ 鼓：ふくらんでいる
□ 装：しまい入れる
□ 平板电脑：タブレット PC
□ 阳伞：日傘
□ 环保袋：エコバッグ
□ 什么的：～など
□ 欸：おや
□ 第一次：初めて
□ 见：見る、見聞する
□ 发：支給する
□ 如果～就…：もし～ならば…
□ 送给～：～に贈る
□ 虽然～但是…：～だが、しかし…
□ 院子：中庭
□ 比较：わりあい、比較的
□ 大：大きい、広い
□ 阳台：ベランダ
□ 摆：並べる
□ 花盆：植木鉢
□ 种：植える
□ 各种各样：さまざまな
□ 花草：草花
□ 负责：担当する
□ 有时：時には
□ 帮忙：手伝う
□ 前面：前
□ 辆：～台
□ 汽车：自動車
□ 下雨：雨が降る
□ 山：山
□ 开花：花が咲く
□ 美：美しい
□ 因为～所以…：～なので、…
□ 下雪：雪が降る
□ 准时：時間通りに

复习 1

基礎編 | 第 1 課 B-25

1 助詞“了”

① 他没去美国，他来日本了。 Tā méi qù Měiguó, tā lái Rìběn le.
② 他喝了一杯红茶。 Tā hēle yì bēi hóngchá.
③ 我买了零食就回家。 Wǒ mǎile língshí jiù huíjiā.
④ 现在凉快了。 Xiànzài liángkuai le.

2 二重目的語を取る動詞

⑤ 我想送你一盒巧克力。 Wǒ xiǎng sòng nǐ yì hé qiǎokèlì.
⑥ 我想问你一个问题。 Wǒ xiǎng wèn nǐ yí ge wèntí.

3 動詞の重ね型

⑦ 你尝(一)尝味道吧。 Nǐ cháng (yi) chang wèidao ba.
⑧ 我们在这里休息休息吧！ Wǒmen zài zhèli xiūxixiūxi ba!

基礎編 | 第 2 課 B-26

1 持続“着”

① 爷爷今天戴着眼镜。 Yéye jīntiān dàizhe yǎnjìng.
② 他拿着行李。 Tā názhe xíngli.
③ 她们站着聊天儿。 Tāmen zhànzhe liáotiānr.

2 連動文

④ 我儿子去公园玩儿了。 Wǒ érzi qù gōngyuán wánr le.
⑤ 我坐飞机去上海。 Wǒ zuò fēijī qù Shànghǎi.

基礎編 | 第 3 課 B-27

1 前置詞

① 从我家到车站要走十分钟。 Cóng wǒ jiā dào chēzhàn yào zǒu shí fēnzhōng.
② 离考试还有一个星期。 Lí kǎoshì hái yǒu yí ge xīngqī.
③ 我刚才给他发短信了。 Wǒ gāngcái gěi tā fā duǎnxìn le.
④ 他哥哥大学毕业后一直都在上海工作。 Tā gēge dàxué bìyè hòu yìzhí dōu zài Shànghǎi gōngzuò.

2 義務・当然の助動詞

⑤ 你应该早点儿回去。 Nǐ yīnggāi zǎodiǎnr huíqu.
⑥ 我们得考虑一下这个问题。 Wǒmen děi kǎolǜ yíxià zhèige wèntí.
⑦ 你要好好儿照顾她。 Nǐ yào hǎohāor zhàogù tā.
⑧ 你不用担心。 Nǐ bú yòng dānxīn.

基礎編｜第4課 B-28

1 兼語文

① 老师叫我每天念课文。 Lǎoshī jiào wǒ měi tiān niàn kèwén.

② 他让我去买英文杂志。 Tā ràng wǒ qù mǎi Yīngwén zázhì.

③ 我请他参加我的生日晚会。 Wǒ qǐng tā cānjiā wǒ de shēngrì wǎnhuì.

④ 我父母不让我一个人住。 Wǒ fùmǔ bú ràng wǒ yí ge rén zhù.

2 "有" + A + 動詞句

⑤ 我有事情要跟你商量。 Wǒ yǒu shìqing yào gēn nǐ shāngliang.

⑥ 我没有钱去台北留学。 Wǒ méiyǒu qián qù Táiběi liúxué.

基礎編｜第5課 B-29

1 様態補語

① 他跑得很快。 Tā pǎode hěn kuài.

② 我唱得不太好。 Wǒ chàngde bú tài hǎo.

③ 她弹钢琴弹得很不错。 Tā tán gāngqín tánde hěn búcuò.

④ 那个人网球打得怎么样？ Nèige rén wǎngqiú dǎde zěnmeyàng?

⑤ 他的日语说得真流利。 Tā de Rìyǔ shuōde zhēn liúlì.

2 程度補語

⑥ 这件衣服漂亮极了！ Zhèi jiàn yīfu piàoliang jíle.

⑦ 今天比昨天凉快得多。 Jīntiān bǐ zuótiān liángkuaide duō.

基礎編｜第6課 B-30

1 存現文

① 前面来了一辆汽车。 Qiánmiàn láile yí liàng qìchē.

② 教室里坐着两个学生。 Jiàoshì li zuòzhe liǎng ge xuésheng.

③ 外面还在下雨呢。 Wàimiàn hái zài xiàyǔ ne.

④ 山上开了很多花，美极了！ Shān shang kāile hěn duō huā, měi jíle.

2 複文

⑤ (因为)他感冒了，所以不能来上课了。
(Yīnwèi) Tā gǎnmào le, suǒyǐ bù néng lái shàngkè le.

⑥ 我没时间去旅游，因为工作太忙了。
Wǒ méi shíjiān qù lǚyóu, yīnwèi gōngzuò tài máng le.

⑦ 虽然下大雪了，但(是)他还是准时来了。
Suīrán xià dàxuě le, dàn (shì) tā háishi zhǔnshí lái le.

⑧ 如果你不想去，我就跟田中一起去吧。
Rúguǒ nǐ bù xiǎng qù, wǒ jiù gēn Tiánzhōng yìqǐ qù ba.

基礎編

第7课　找到了吗？

会话　B-31

A：你 在 找 什么 呢？快 到 站 了。
Nǐ zài zhǎo shénme ne? Kuài dào zhàn le.

B：我 在 找 交通卡。
Wǒ zài zhǎo jiāotōngkǎ.

A：那 你 快 找。…… 找到 了 吗？
Nà nǐ kuài zhǎo. …… Zhǎodào le ma?

B：包 里 找了 好 几 遍，可是 找不到。
Bāo li zhǎole hǎo jǐ biàn, kěshì zhǎobudào.

短文　B-32

有 人 说 那边儿 有 一 只 小鸟。我 看了 一下，可是 没
Yǒu rén shuō nèibiānr yǒu yì zhī xiǎoniǎo. Wǒ kànle yíxià, kěshì méi

看见。后来 我 看见 了，但是 太 远 了，看不清楚。
kànjiàn. Hòulái wǒ kànjiàn le dànshì tài yuǎn le, kànbuqīngchu.

中文好有趣

●“意思”真有意思

気がないとき	我对他没有意思。
気恥ずかしいとき	我有点儿不好意思。
相手に適当にやってもらいたいとき	意思意思就行了。
贈り物をするとき	这是一点儿小意思。

文法ポイント

B-33

1 結果補語

- 述語となる動詞の後に形容詞や動詞を置き、動作の結果や動作後の状態などを表します。
- 肯定形は動詞の後に“了”を、否定形は動詞の前に“没(有)”を置くことが多いです。

動詞 + 結果補語【形容詞・動詞】

① 今天我办好手续了。 Jīntiān wǒ bànhǎo shǒuxù le.

② 这个字他又写错了。 Zhèige zì tā yòu xiěcuò le.

③ 这双鞋我没洗干净。 Zhèi shuāng xié wǒ méi xǐgānjìng.

④ 你看见王老师了没有? Nǐ kànjiàn Wáng lǎoshī le méiyou?

2 結果補語の可能形

- 述語となる動詞と結果補語の間に肯定形は“得(de)”を置いて「～できる」という意味に、また否定形は“不(bu)”を間に置き「～できない」という意味を表します。

動詞 +“得”/“不”+ 結果補語【形容詞・動詞】

⑤ 老师说的中文我都听得懂。 Lǎoshī shuō de Zhōngwén wǒ dōu tīngdedǒng.

⑥ 她的声音太小了，我听不清楚。 Tā de shēngyīn tài xiǎo le, wǒ tīngbuqīngchu.

词汇

B-34

□ 交通卡：交通系 IC カード
□ 包：カバン
□ 好：(程度を強めたり、数量の多いことを表す) とても
□ 不：動詞と補語の間に用いて不可能を表す
□ 小鸟：小鳥
□ 见：(視覚、聴覚などで) 感じ取る
□ 后来：その後
□ 但是：しかし
□ 清楚：はっきりと
□ 办：(手続きを) する
□ 好：ちゃんと～、終わる
□ 手续：手続き
□ 字：字
□ 错：間違っている
□ 双：～足
□ 鞋：靴
□ 洗：洗う
□ 干净：清潔である、きれいである
□ 中文：中国語
□ 得：動詞と補語の間に用いて可能を表す
□ 懂：理解する
□ 声音：声

第8课 你把房间收拾一下吧。

B-35

A：客人 快 来 了。你 把 房间 收拾 一下 吧。
Kèrén kuài lái le. Nǐ bǎ fángjiān shōushi yíxià ba.

B：好的，我 先 把 窗户 打开。
Hǎode, wǒ xiān bǎ chuānghu dǎkāi.

A：然后 把 桌子 上 整理好，再 把 地板 吸一吸，把 垃圾 扔掉。
Ránhòu bǎ zhuōzi shang zhěnglǐhǎo, zài bǎ dìbǎn xī yi xi, bǎ lājī rēngdiào.

B：太 多 了，太 多 了，只 有 十 分钟 了。我 可 干不完。
Tài duō le, tài duō le, Zhǐ yǒu shí fēnzhōng le. Wǒ kě gànbuwán.

短文

B-36

中国人 吃 烤鸭 时 要 先 把 鸭肉 放在 薄饼 上，然后 加 甜面酱，有 人 还 会 加 葱丝、黄瓜丝 什么的，最后 要 把 薄饼 卷起来 吃。
Zhōngguórén chī kǎoyā shí yào xiān bǎ yāròu fàngzài báobǐng shang, ránhòu jiā tiánmiànjiàng, yǒu rén hái huì jiā cōngsī、huángguāsī shénmede, zuìhòu yào bǎ báobǐng juǎnqǐlai chī.

中国を調べよう！

カンフーの中国語表記を調べてみましょう。

文法ポイント B-37

"把"構文

- 動作を受ける対象である「目的語」に対して、どのように処置するのか、またその結果などを表現する文です。

主語＋"把"＋目的語(特定できる人・もの)＋動詞＋〈その他の成分〉

① 我把信用卡弄丢了。 Wǒ bǎ xìnyòngkǎ nòng diū le.

② 你把他的名字写错了？ Nǐ bǎ tā de míngzi xiěcuò le?

③ 请把微信号告诉我一下。 Qǐng bǎ wēixìnhào gàosu wǒ yíxià.

④ 你把口罩戴好。 Nǐ bǎ kǒuzhào dàihǎo.

- 助動詞や副詞などは"把"の前に置きます。

⑤ 我有个朋友想把日元换成人民币。
Wǒ yǒu ge péngyou xiǎng bǎ rìyuán huànchéng rénmínbì.

⑥ 都三点了，你还没把客人送到机场吗？
Dōu sān diǎn le, nǐ hái méi bǎ kèrén sòngdào jīchǎng ma?

词汇 B-38

- □ 把：～を
- □ 收拾：片付ける
- □ 窗户：窓
- □ 打开：開ける
- □ 然后：その後
- □ 整理：整理する
- □ 地板：床
- □ 吸：吸い取る
- □ 垃圾：ごみ
- □ 扔掉：投げ捨てる
- □ 完：終わる
- □ 烤鸭：アヒルの丸焼き
- □ 时：～のとき
- □ 鸭肉：アヒルの肉
- □ 薄饼：(生地を薄く焼いた中国式）クレープ
- □ 加：加える
- □ 甜面酱：甘みそ、甜麺醤
- □ 葱丝：長ネギの細切り
- □ 黄瓜丝：キュウリの細切り
- □ 最后：最後
- □ 卷起来：巻く
- □ 信用卡：クレジットカード
- □ 弄丢：失う、なくす
- □ 上车：乗車する
- □ 口罩：マスク
- □ 成：～になる
- □ 人民币：人民元
- □ 都～了：もう～だ
- □ 客人：客
- □ 送：見送る
- □ 机场：空港

第9课 把菜单拿过来。

B-39

A：再 来 一 份儿 甜点 吧。
Zài lái yí fènr tiándiǎn ba.

B：不用 了。我 已经 吃不下 了。
Bú yòng le. Wǒ yǐjing chībuxià le.

A：别 客气！把 菜单 拿过来。
Bié kèqi! Bǎ càidān náguòlai.

再 来 个 冰激凌芭菲 吧！
Zài lái ge bīngjīlíng bāfēi ba!

B：真的 不 行 了，我 吃得 快 站不起来 了。
Zhēn de bù xíng le, wǒ chīde kuài zhànbuqǐlai le.

短文

B-40

前面 开过来 一 辆 卡车。路 很 窄，我 有点儿 担心，就 让
Qiánmiàn kāiguòlai yí liàng kǎchē. Lù hěn zhǎi, wǒ yǒudiǎnr dānxīn, jiù ràng

它 先 走。它 开过去 的 时候，司机 向 我 挥挥 手 表示 感谢。
tā xiān zǒu. Tā kāiguòqu de shíhou, sījī xiàng wǒ huīhui shǒu biǎoshì gǎnxiè.

中文好有趣

●中華料理の"烤、煎、炒、烧"

"烤"は「焼く」の意味です。	烤鸭 烤鱼 烤肉
"煎"は油を引いて「焼く」です。	煎鱼 煎蛋 煎饼 生煎包
油を使う"炒"	炒饭 炒面
油を使わない"炒"もあります。	糖炒栗子
"烧"は汁をなくすまで「煮る」です。	红烧肉 干烧虾仁

文法ポイント B-41

1 方向補語

• 方向補語は述語となる動詞の後に方向性を表す動詞を置き、述語動詞の移動や方向を表します。

動詞 + 方向補語【方向を表す動詞】

	过 guò	上 shàng	下 xià	进 jìn	出 chū	回 huí	起 qǐ
来 lái	过来 guòlai	上来 shànglai	下来 xiàlai	进来 jìnlai	出来 chūlai	回来 huílai	起来 qǐlai
去 qù	过去 guòqu	上去 shàngqu	下去 xiàqu	进去 jìnqu	出去 chūqu	回去 huíqu	

※1音節（上・下・进・出・回・过・起・来・去）：単純方向補語
※単純方向補語を組み合わせた2音節のもの：複合方向補語

① 你过来一下，好吗？ Nǐ guòlai yíxià, hǎo ma?
② 我忘了把相机拿过来了。 Wǒ wàngle bǎ xiàngjī náguòlai le.
③ 弟弟从楼上跑下来了。 Dìdi cóng lóushàng pǎoxiàlai le.
④ 他把手机放进口袋里了。 Tā bǎ shǒujī fàngjìn kǒudài li le.

2 方向補語の可能形

• 述語となる動詞と方向補語の間に肯定形は“得(de)”を置いて「～できる」という意味に、また否定形は“不(bu)”を間に置き「～できない」という意味を表します。

⑤ 我们去大阪，当天回得来吗？ Wǒmen qù Dàbǎn, dàngtiān huídelái ma?
⑥ 这个包太小了，放不进去。 Zhèige bāo tài xiǎo le, fàngbujìnqù.

词汇 B-42

□ 份(儿)：組やそろいになったもの
□ 甜点：デザート、スイーツ
□ 一不下：（スペースが足りなくて）できない
□ 菜单：メニュー
□ 拿：持つ、とる
□ 过：渡る、過ぎる
□ 冰激凌：アイスクリーム
□ 芭菲：パフェ
□ 行：よろしい、大丈夫だ
□ 卡车：トラック
□ 路：道路
□ 窄：幅が狭い
□ 司机：運転手
□ 向：～に向かって
□ 挥手：手を振る
□ 表示：表す
□ 感谢：感謝する
□ 下：下りる
□ 进：入る
□ 出：出る
□ 楼上：階上
□ 放：入れる、置く
□ 口袋：ポケット
□ 当天：当日

第10课 你还记得我们是怎么认识的吗？

B-43

A：你 还 记得 我们 是 怎么 认识 的 吗？
Nǐ hái jìde wǒmen shì zěnme rènshi de ma?

B：我们 是 偶然 在 微博上 认识 的 吧？
Wǒmen shì ǒurán zài Wēibó shang rènshi de ba?

A：对，那时 看 你 的 网名，我 还 以为
Duì, nàshí kàn nǐ de wǎngmíng, wǒ hái yǐwéi

你 是 个 大叔 呢。
nǐ shì ge dàshū ne.

B：什么 网名 来着？ 连 我 自己 都
Shénme wǎngmíng láizhe? Lián wǒ zìjǐ dōu

想不起来 了。
xiǎngbuqǐlái le.

短文

B-44

5 年 前，小金 去了 一 次 北海道。他 是 坐 船 去 的。
Wǔ nián qián, xiǎo-Jīn qùle yí cì Běihǎidào. Tā shì zuò chuán qù de.

然后 他 骑着 摩托车 走遍了 整个 北海道。那里 的 美景 他 到
Ránhòu tā qízhe mótuōchē zǒubiànle zhěnggè Běihǎidào. Nàli de měijǐng tā dào

现在 都 忘不了。
xiànzài dōu wàngbuliǎo.

中国を調べよう！

A～Dは日本のアニメの中国語表記です。オリジナル作品名を調べてみましょう。

A 灌篮高手 Guànlángāoshǒu　B 海贼王 Hǎizéiwáng　C 蜡笔小新 Làbǐxiǎoxīn　D 神奇宝贝 Shénqíbǎobèi

文法ポイント B-45

1 "是～的"構文

- 動詞述語文を"是～的"と組み合わせ、すでに実現した動作の「時間・場所・手段・人」などを取り立てて強調する構文です。
- 否定形は「"不是"～"的"」とします。

① 我(是)昨天见到他的。
Wǒ (shì) zuótiān jiàndào tā de.

② 我(是)在学校旁边的餐厅吃的午饭。
Wǒ (shì) zài xuéxiào pángbiān de cāntīng chī de wǔfàn.

③ 你日语说得这么棒，(是)怎么学的？
Nǐ Rìyǔ shuōde zhème bàng, (shì) zěnme xué de?

④ 不是他说的，是姐姐告诉我的。
Bú shì tā shuō de, shì jiějie gàosu wǒ de.

2 慣用的な可能補語

- "～不起"、"～不了"、"～不下"はいずれも「できない」の意味です。肯定形は"～得起"、"～得了"、"～得下"となります。これらは可能補語といいます。

⑤ 我住不起那么高级的酒店。 Wǒ zhùbuqǐ nàme gāojí de jiǔdiàn.

⑥ 今天热死了，我实在受不了了。 Jīntiān rèsǐ le, wǒ shízài shòubuliǎo le.

⑦ 这个西瓜太大了，冰箱里放不下。 Zhèige xīguā tài dà le, bīngxiāng li fàngbuxià.

词汇 B-46

□ 记得：覚えている
□ 认识：見知る、知っている
□ 偶然：たまたま
□ 微博：Weibo (中国の SNS)
□ 那时：そのとき
□ 网名：ハンドルネーム
□ 以为：思い込む
□ 大叔：おじさん
□ 来着：～していた
□ 连～都…：～さえも…
□ 想起来：思い出す
□ 骑：(またがって) 乗る
□ 摩托车：オートバイ
□ 走遍：くまなく歩く
□ 整个：全体の、全部の
□ 美景：美しい景色
□ 忘：忘れる
□ 一不了：(補語として使い) ～しきれない
□ 一不起：(お金がなくて) できない
□ 高级：高級な
□ 酒店：ホテル
□ 受不了：耐えられない、たまらない

第 11 课 我的雨伞都被刮坏了。

B-47

A：你 的 头发 都 湿 了。
Nǐ de tóufa dōu shī le.

B：今天 的 雨 真 大！
Jīntiān de yǔ zhēn dà!

我 全身 从 上 到 下 都 被 淋湿 了。
Wǒ quánshēn cóng shàng dào xià dōu bèi línshī le.

A：风 也 不 小，我 的 雨伞 都 被 刮坏 了。
Fēng yě bù xiǎo, wǒ de yǔsǎn dōu bèi guāhuài le.

B：听 天气预报 说，雨 会 越 下 越 大。
Tīng tiānqì yùbào shuō, yǔ huì yuè xià yuè dà.

短文

B-48

我 喜欢 的 偶像 是 两 年 前 出道 的，后来 他 越来越
Wǒ xǐhuan de ǒuxiàng shì liǎng nián qián chūdào de, hòulái tā yuè lái yuè

红。 下个月 他 要 开 演唱会 了，但 演唱会 的 票 不 到 五
hóng. Xià ge yuè tā yào kāi yǎnchànghuì le, dàn yǎnchànghuì de piào bú dào wǔ

分钟 就 被 抢光 了。
fēnzhōng jiù bèi qiǎngguāng le.

中文好有趣

●謎の“迷”

ファンを意味する“迷”	歌迷	我成了他的歌迷。
夢中になった“迷”	迷上	我迷上了他的歌声。
方向を失った“迷”	迷路	我在新宿迷路了。
理解不能の“迷”	迷惑	他说的话令人迷惑。

文法ポイント B-49

1 受身文

- 前置詞"被"を使い、「主語 +"被"+ 動作主 + 動詞句」の語順で「主語が動作主に～される」という受身の意味を表します。動作主は省略できます。

① 我的自行车钥匙被妹妹弄丢了。 Wǒ de zìxíngchē yàoshi bèi mèimei nòngdiū le.

② 我想看的漫画已经被（人）借走了。 Wǒ xiǎng kàn de mànhuà yǐjīng bèi (rén) jièzǒu le.

③ 现在还没被老师发现，你快收起来吧！ Xiànzài hái méi bèi lǎoshī fāxiàn, nǐ kuài shōuqǐlai ba!

④ 他小学毕业前终于被选为班长了。 Tā xiǎoxué bìyè qián zhōngyú bèi xuǎnwéi bānzhǎng le.

2 越～越～、越来越～

- "越～越…"は「～であればあるほど」「（すればするほど）ますます」という意味で、相関関係、次第に程度の変化が生じることを表します。
- "越来越"は、「ますます～になる」という意味で時間の変化に合わせて程度が強まることを表します。

⑤ 老板说，工作越努力，奖金越高。但我不太相信。
Lǎobǎn shuō, gōngzuò yuè nǔlì, jiǎngjīn yuè gāo. Dàn wǒ bú tài xiāngxìn.

⑥ 郭德纲的相声越听越有趣。 Guō Dégāng de xiàngsheng yuè tīng yuè yǒuqù.

⑦ 池袋站周围越来越热闹了。 Chídài zhàn zhōuwéi yuè lái yuè rènao le.

词汇 B-50

- □ 头发：頭髪
- □ 湿：湿っている、ぬれている
- □ 全身：全身
- □ 被：～される
- □ 淋：ぬらす、かかる
- □ 雨伞：傘
- □ 刮：（風が）吹く
- □ 坏：壊れる、～してだめになる
- □ 天气预报：天気予報
- □ 越～越…：～であればあるほど、（すればするほど）
- □ 偶像：アイドル
- □ 出道：デビューする
- □ 越来越～：ますます～になる
- □ 红：人気がある
- □ 开：開く、開催する
- □ 抢：奪い取る
- □ 光：何もない、何も残っていない
- □ 等：待つ
- □ 自行车：自転車
- □ 钥匙：鍵
- □ 发现：気がつく
- □ 收起来：片づける
- □ 终于：ついに
- □ 为：～になる
- □ 班长：級長、学級委員
- □ 老板：店主、経営者
- □ 努力：努力する
- □ 奖金：ボーナス、賞金
- □ 相信：信じる
- □ 郭德纲：郭徳綱（人名）
- □ 相声：漫才
- □ 有趣：面白味がある
- □ 周围：周囲
- □ 热闹：にぎやかである

第12课 这个周末你不是有事儿吗？

B-51

A：这个 周末 你 不 是 有 事儿 吗？
Zhèige zhōumò nǐ bú shì yǒu shìr ma?

B：本来 是 有 事儿，后来 改 日子 了。
Běnlái shì yǒu shìr, hòulái gǎi rìzi le.

所以 你 星期六 能 来 我 家 玩儿 吗？
Suǒyǐ nǐ xīngqīliù néng lái wǒ jiā wánr ma?

A：不 好意思。这个 星期六 的话 我 去不了。
Bù hǎoyìsi. Zhèige xīngqīliù dehuà wǒ qùbuliǎo.

B：那 就 改天 吧。你 什么时候 方便，
Nà jiù gǎitiān ba. Nǐ shénme shíhou fāngbiàn,

就 什么时候 来。
jiù shénme shíhou lái.

短文

B-52

听说 下个月 有 一 位 诺贝尔文学奖 得主 要 来 我们 大学
Tīngshuō xià ge yuè yǒu yí wèi Nuòbèi'ěr wénxué jiǎng dézhǔ yào lái wǒmen dàxué

演讲。这么 好 的 机会 怎么 能 错过 呢？不管 他 讲 什么，我
yǎnjiǎng. Zhème hǎo de jīhuì zěnme néng cuòguò ne? Bùguǎn tā jiǎng shénme, wǒ

都 想 去 听听。好 期待！
dōu xiǎng qù tīngting. Hǎo qīdài!

中国を調べよう！

A～Dは中国の代表的衣装の名称です。どのような衣装か調べましょう。

A 旗袍 qípáo　B 唐装 tángzhuāng　C 汉服 hànfú　D 中山装 zhōngshānzhuāng

文法ポイント B-53

1 反語文

- 疑問文の形式で「～ではないだろうか（いや、そうであろう）」や「～であるだろうか（いや、そうではないだろう）」という意味を表して、肯定や否定を強調するのが反語文です。

① 你不是说喜欢这个球星吗？ Nǐ bú shì shuō xǐhuan zhèige qiúxīng ma?

② 怎么会这样呢？ Zěnme huì zhèyàng ne?

③ 你的生日晚会我怎么能不参加呢？ Nǐ de shēngrì wǎnhuì wǒ zěnme néng bù cānjiā ne?

2 疑問詞の呼応表現 （16ページを参照）

- 前後の文でそれぞれ同じ疑問詞を使って、前の疑問詞では任意の「人・物・時間・場所」などを指し、後ろの疑問詞は「前で挙げた疑問詞が指す内容」を呼応させる表現です。

④ 孙子想要什么，爷爷奶奶就给他买什么。
Sūnzi xiǎngyào shénme, yéye nǎinai jiù gěi tā mǎi shénme.

⑤ 这里的点心你想吃多少就吃多少。
Zhèli de diǎnxin nǐ xiǎng chī duōshao jiù chī duōshao.

⑥ 你想怎么说就怎么说吧。
Nǐ xiǎng zěnme shuō jiù zěnme shuō ba.

词汇 B-54

- □ 不是～吗：～ではないか
- □ 本来：もともと
- □ 改：変える
- □ 日子：日にち
- □ ～的话：～ならば
- □ 改天：いずれ、日を改めて
- □ 诺贝尔文学奖：ノーベル文学賞
- □ 得主：賞を得た人
- □ 演讲：講演する
- □ 不管～都…：～であろうと…
- □ 讲：話す
- □ 期待：期待する
- □ 错过：（機会を）見逃す
- □ 机会：機会、チャンス
- □ 球星：（球技の）スター選手
- □ 这样：このようである
- □ 孙子：孫
- □ 奶奶：（父方の）祖母

复习 2

基礎編｜第 7 課 B-55

1 結果補語

① 今天我办好手续了。 Jīntiān wǒ bànhǎo shǒuxù le.
② 这个字他又写错了。 Zhèige zì tā yòu xiěcuò le.
③ 这双鞋我没洗干净。 Zhèi shuāng xié wǒ méi xǐgānjìng.
④ 你看见王老师了没有？ Nǐ kànjiàn Wáng lǎoshī le méiyou?

2 結果補語の可能形

⑤ 老师说的中文我都听得懂。 Lǎoshī shuō de Zhōngwén wǒ dōu tīngdedǒng.
⑥ 她的声音太小了，我听不清楚。 Tā de shēngyīn tài xiǎo le, wǒ tīngbuqīngchu.

基礎編｜第 8 課 B-56

“把” 構文

① 我把信用卡弄丢了。 Wǒ bǎ xìnyòngkǎ nòngdiū le.
② 你把他的名字写错了？ Nǐ bǎ tā de míngzi xiěcuò le?
③ 请把微信号告诉我一下。 Qǐng bǎ wēixìnhào gàosu wǒ yíxià.
④ 你把口罩戴好。 Nǐ bǎ kǒuzhào dàihǎo.
⑤ 我有个朋友想把日元换成人民币。
Wǒ yǒu ge péngyou xiǎng bǎ rìyuán huànchéng rénmínbì.
⑥ 都三点了，你还没把客人送到机场吗？
Dōu sān diǎn le, nǐ hái méi bǎ kèrén sòngdào jīchǎng ma?

基礎編｜第 9 課 B-57

1 方向補語

① 你过来一下，好吗？ Nǐ guòlai yíxià, hǎo ma?
② 我忘了把相机拿过来了。 Wǒ wàngle bǎ xiàngjī náguòlai le.
③ 弟弟从楼上跑下来了。 Dìdi cóng lóushàng pǎoxiàlai le.
④ 他把手机放进口袋里了。 Tā bǎ shǒujī fàngjìn kǒudài li le.

2 方向補語の可能性

⑤ 我们去大阪，当天回得来吗？ Wǒmen qù Dàbǎn, dàngtiān huídelái ma?
⑥ 这个包太小了，放不进去。 Zhèige bāo tài xiǎo le, fàngbujìnqu.

基礎編｜第 10 課 B-58

1 “是～的” 構文

① 我（是）昨天见到他的。 Wǒ (shì) zuótiān jiàndào tā de.
② 我（是）在学校旁边的餐厅吃的午饭。
Wǒ (shì) zài xuéxiào pángbiān de cāntīng chī de wǔfàn.

③ 你日语说得这么棒，(是)怎么学的？
Nǐ Rìyǔ shuōde zhème bàng, (shì) zěnme xué de?

④ 不是他说的，是姐姐告诉我的。
Bú shì tā shuō de, shì jiějie gàosu wǒ de.

2 慣用的な可能補語

⑤ 我住不起那么高级的酒店。 Wǒ zhùbuqǐ nàme gāojí de jiǔdiàn.

⑥ 今天热死了，我实在受不了了。 Jīntiān rèsǐ le, wǒ shízài shòubuliǎo le.

⑦ 这个西瓜太大了，冰箱里放不下。 Zhèige xīguā tài dà le, bīngxiāng li fàngbuxià.

基礎編｜第11課 B-59

1 受身文

① 我的自行车钥匙被妹妹弄丢了。
Wǒ de zìxíngchē yàoshi bèi mèimei nòngdiū le.

② 我想看的漫画已经被(人)借走了。
Wǒ xiǎng kàn de mànhuà yǐjīng bèi (rén) jièzǒu le.

③ 现在还没被老师发现，你快收起来吧！
Xiànzài hái méi bèi lǎoshī fāxiàn, nǐ kuài shōuqǐlai ba!

④ 他小学毕业前终于被选为班长了。
Tā xiǎoxué bìyè qián zhōngyú bèi xuǎnwéi bānzhǎng le.

2 越～越～、越来越～

⑤ 老板说，工作越努力，奖金越高。但我不太相信。
Lǎobǎn shuō, gōngzuò yuè nǔlì, jiǎngjīn yuè gāo. Dàn wǒ bú tài xiāngxìn.

⑥ 郭德纲的相声越听越有趣。 Guō Dégāng de xiàngsheng yuè tīng yuè yǒuqù.

⑦ 池袋站周围越来越热闹了。 Chídài zhàn zhōuwéi yuè lái yuè rènao le.

基礎編｜第12課 B-60

1 反語文

① 你不是说喜欢这个球星吗？ Nǐ bú shì shuō xǐhuan zhèige qiúxīng ma?

② 怎么会这样呢？ Zěnme huì zhèyàng ne?

③ 你的生日晚会我怎么能不参加呢？
Nǐ de shēngrì wǎnhuì wǒ zěnme néng bù cānjiā ne?

2 疑問詞の呼応表現

④ 孙子想要什么，爷爷奶奶就给他买什么。
Sūnzi xiǎngyào shénme, yéye nǎinai jiù gěi tā mǎi shénme.

⑤ 这里的点心你想吃多少就吃多少。
Zhèli de diǎnxin nǐ xiǎng chī duōshao jiù chī duōshao.

⑥ 你想怎么说就怎么说吧。 Nǐ xiǎng zěnme shuō jiù zěnme shuō ba.

著　者

立教大学中国語教育研究室 編

清秋梧桐

—中国語2・中国語B—

2024. 9. 20　初版発行

発行者　上 野 名 保 子

発行所　〒101-0062　東京都千代田区神田駿河台３の７
電話　東京03（3291）1676　FAX 03（3291）1675
振替　00190-3-56669番
E-mail：edit@e-surugadai.com
URL：http://www.e-surugadai.com

株式会社 **駿河台出版社**

製版・印刷・製本　フォレスト

ISBN 978-4-411-03168-6 C1087 ¥2300E

中国語音節全表

韻母／声母	1																	
	a	**o**	**e**	**-i**	**er**	**ai**	**ei**	**ao**	**ou**	**an**	**en**	**ang**	**eng**	**ong**	**i**	**ia**	**iao**	**ie**
b	ba	bo				bai	bei	bao		ban	ben	bang	beng		bi		biao	bie
p	pa	po				pai	pei	pao	pou	pan	pen	pang	peng		pi		piao	pie
m	ma	mo	me			mai	mei	mao	mou	man	men	mang	meng		mi		miao	mie
f	fa	fo					fei		fou	fan	fen	fang	feng					
d	da		de			dai	dei	dao	dou	dan		dang	deng	dong	di		diao	die
t	ta		te			tai		tao	tou	tan		tang	teng	tong	ti		tiao	tie
n	na		ne			nai	nei	nao	nou	nan	nen	nang	neng	nong	ni		niao	nie
l	la		le			lai	lei	lao	lou	lan		lang	leng	long	li	lia	liao	lie
g	ga		ge			gai	gei	gao	gou	gan	gen	gang	geng	gong				
k	ka		ke			kai	kei	kao	kou	kan	ken	kang	keng	kong				
h	ha		he			hai	hei	hao	hou	han	hen	hang	heng	hong				
j															ji	jia	jiao	jie
q															qi	qia	qiao	qie
x															xi	xia	xiao	xie
zh	zha		zhe	zhi		zhai	zhei	zhao	zhou	zhan	zhen	zhang	zheng	zhong				
ch	cha		che	chi		chai		chao	chou	chan	chen	chang	cheng	chong				
sh	sha		she	shi		shai	shei	shao	shou	shan	shen	shang	sheng					
r			re	ri				rao	rou	ran	ren	rang	reng	rong				
z	za		ze	zi		zai	zei	zao	zou	zan	zen	zang	zeng	zong				
c	ca		ce	ci		cai		cao	cou	can	cen	cang	ceng	cong				
s	sa		se	si		sai		sao	sou	san	sen	sang	seng	song				
	a	o	e		er	ai	ei	ao	ou	an	en	ang	eng		yi	ya	yao	ye